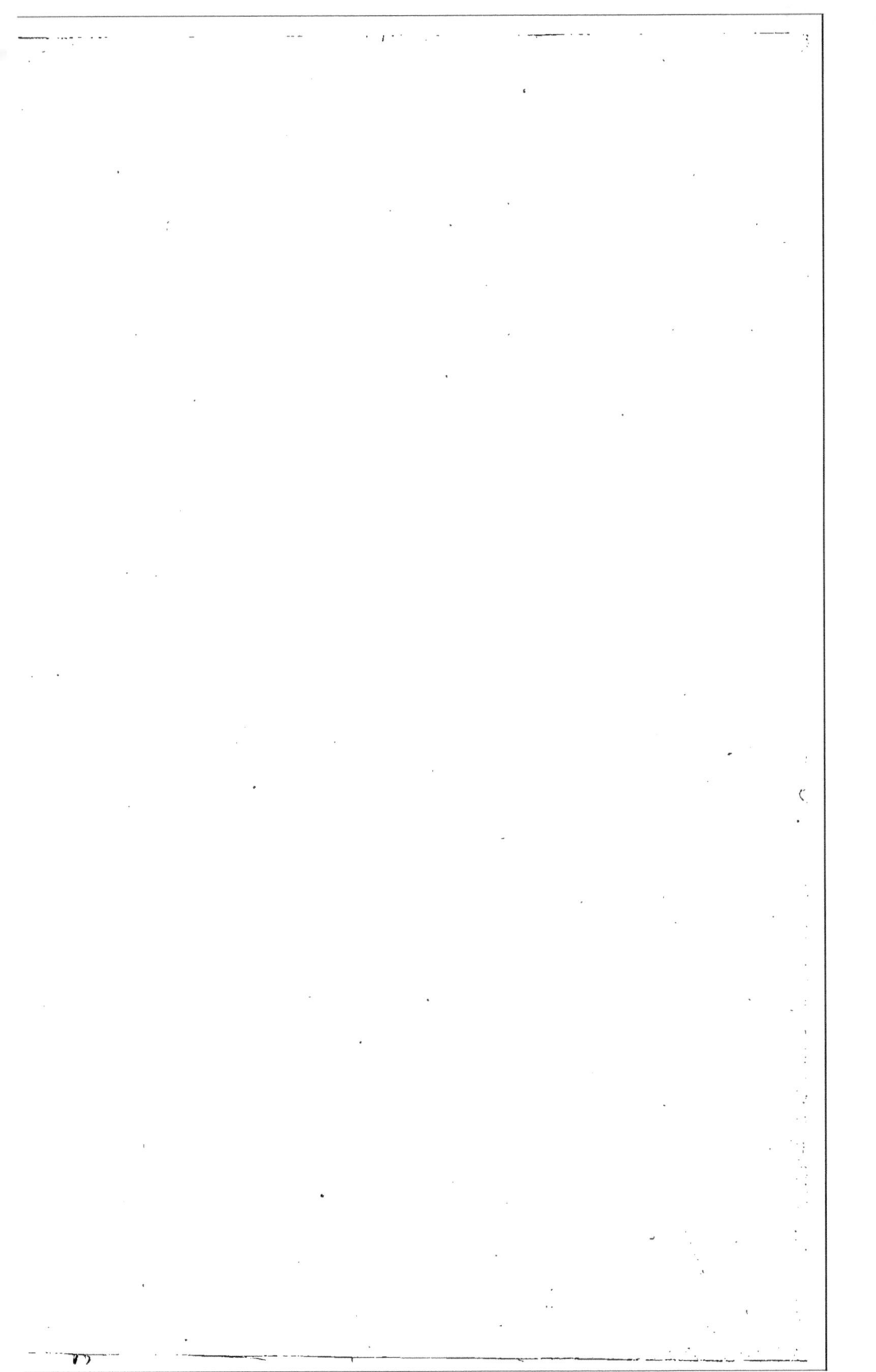

L_K 2600

ESSAIS

ARCHÉOLOGIQUES ET HISTORIQUES.

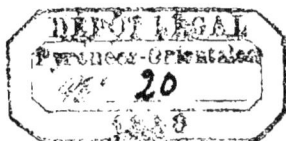

LES PATRONNES D'ELNE

ET

L'ABBAYE DE JAU,

PAR M. B. ALART.

ESSAIS ARCHÉOLOGIQUES ET HISTORIQUES,

Extraits du 11e Bulletin de la Société Agricole, Scientifique et Littéraire des Pyrénées-Orientales.

PERPIGNAN.

IMPRIMERIE DE J.-B. ALZINE,
Rue des Trois-Rois, 1.

1857.
1858

LES PATRONNES D'ELNE.

Une histoire complète de l'ancienne cathédrale
d'Elne, refléterait les principaux évènements dont
le Roussillon a été le théâtre, et fournirait des élé-
ments du plus haut intérêt pour l'étude de l'art et
des monuments de notre pays. Malheureusement, la
plùpart des écrivains qui se sont occupés de ce riche
sujet ont accrédité de graves erreurs, dont la critique
historique n'a pas encore fait entièrement justice; et
les recherches archéologiques devant ici marcher de
front avec l'étude des documents écrits, c'est assez
dire que nous n'oserions, aujourd'hui, nous im-
miscer dans ce débat. Mais, M. de Bonnefoy livrera
bientôt à la Société des Pyrénées-Orientales, la partie
de son travail relative à l'épigraphie de la cathédrale
d'Elne : la pierre parlera donc à son tour, et livrera,
sans doute, à l'un de ses plus savants interprètes, les
secrets dérobés jusqu'ici aux recherches de l'érudition. Nous aurons alors la véritable histoire d'un
monument sur lequel on a débité tant d'erreurs, et
qui est d'un si grand intérêt pour l'art roussillonnais.
Il y a, toutefois, dans l'histoire de l'église d'Elne, des
points secondaires que la critique historique peut
aborder, avant que la question principale soit décidée.
Des recherches spéciales et des découvertes récentes,
nous permettent même de présenter, sous une face

nouvelle, les questions relatives aux *Patronnes de l'Église d'Elne*, sur lesquelles on a émis, jusqu'ici, des opinions fort différentes; il ne sera donc pas inutile de soumettre à un examen approfondi cette matière, qui intéresse, à bien des égards, l'histoire de l'art dans notre pays.

La *vierge Eulalie*, qui, dès l'an 825, était la patronne de l'église d'Elne, est-elle la même que *sainte Eulalie de Mérida*, qui est encore, avec sa sœur *sainte Julie*, la patronne de notre Diocèse? Et s'il y a eu deux Vierges Martyres, successivement honorées à Elne sous le même nom d'*Eulalie*, à quelle époque celle de *Mérida* aurait-elle remplacé la première?

Ces questions ont été diversement résolues. En effet, outre *sainte Eulalie de Mérida*, les hagiographes mentionnent encore une Vierge de ce nom, martyrisée à *Barcelone*, et une troisième *Eulalie* a été introduite dans le débat par un auteur catalan du XVIIe siècle [1]. Cette dernière, qui serait la fille d'un Gouverneur ou Duc de *Ruscino*, aurait été martyrisée dans cette ville, l'an 212, avec ses sœurs Ruffine, Juste et Héliodora. C'est tout ce que nous en apprend le Père Marcillo, d'après un chroniqueur qu'il appelle *Hausbertus*; et M. le chanoine Fortaner, présumant que le souvenir du martyre de *sainte Eulalie de Ruscino* ne s'était jamais effacé de la mémoire des Roussillonnais, a pensé que les habitants d'Elne la prirent pour leur protectrice, et lui consacrèrent leur cathédrale, pour lui substituer *sainte Eulalie de Mérida* en 1069 [2]. Mais, rien n'est moins prouvé que l'existence même de *sainte Eulalie de Ruscino*, révélée par le

[1] Le Père Marcillo, *Crisi de Cataluña*; Barcelone, 1685, par. VI.
[2] *Notice Ecclésiastique sur le Roussillon.*

témoignage unique du prétendu chroniqueur *Haus-bertus*, dont on ne sait ni l'époque ni la patrie, dont on n'a pu retrouver aucun ouvrage, et qui, par son nom seul, semble appartenir à la littérature légen-daire de la plus sombre période du moyen-âge.

De nombreuses raisons, qu'il serait trop long d'expo-ser ici, détruisent entièrement, à nos yeux, la valeur d'un pareil témoignage; et il est certain qu'aucun autre auteur, aucun acte, aucun monument, même en Rous-sillon, n'ont jamais fait la moindre mention de *sainte Eulalie de Ruscino*. M. Fortaner, qui a traité à fond les questions relatives à cette sainte, et aux honneurs qui lui auraient été rendus dans l'ancienne cathédrale d'El-ne, n'a pu trouver, à l'appui de son opinion, d'autres preuves que l'existence de deux messes de sainte Eulalie, contenues dans l'ancien Missel du Diocèse[1].

« L'une de ces messes, pour sainte Eulalie, Vierge, « avait une oraison, ainsi conçue : *Propitiare, quœsu-* « *mus, etc., per hujus Sanctœ Martyris tuœ Eulaliœ,* « quæ in præsenti requiescit patriâ, *merita gloriosa, etc.*

« L'autre, qui se trouve immédiatement à la suite de « la précédente, est en l'honneur des saintes Eulalie « et Julie, et l'oraison dit en propres termes : *Propi-* « *tiare, Domine, etc., per harum Sanctissimarum Vir-* « *ginum ac Martyrum tuarum Eulaliœ et Juliœ,* quæ in « Elnensi requiescunt Ecclesiâ, *merita gloriosa, etc.*

« Voilà, ajoute M. Fortaner, deux messes diffé- « rentes, dont l'une est consacrée à sainte Eulalie « seule, et l'autre aux saintes Eulalie et Julie. Il est « donc impossible de les confondre, et ces mots de « la première, *quæ in præsenti requiescit patriâ,* pa-

---

[1] *Missale secundum ritum Ecclesiæ Elnensis.* Barcelone, 1509.

« raissent décider la question en faveur de sainte
« Eulalie de Ruscino[1]. »

C'est l'argument le plus sérieux de M. Fortaner ;
mais il ne nous paraît pas de nature à décider la
question, et le sens de ces oraisons, où *sainte Eulalie
de Ruscino* n'est pas nommée, s'expliquera sans difficulté par les textes que nous citerons plus loin. Personne, d'ailleurs, ne sera tenté de confondre, dans
ces deux messes, *sainte Eulalie de Mérida qui reposait
dans l'église d'Elne* avec *la sainte Martyre Eulalie qui
reposait dans ce pays.*

Ce sont évidemment deux saintes différentes ; mais
rien ne prouve que cette dernière soit *sainte Eulalie
de Ruscino.* Nous y voyons plutôt *sainte Eulalie de
Barcelone,* dont quelques reliques étaient autrefois
conservées dans le diocèse d'Elne. On trouve, en effet,
que, vers l'an 1040, le monastère de Cuxa possédait
« des reliques de *sainte Eulalie* (que nous croyons être
« celle de Mérida) et aussi des reliques de *sainte*
« *Eulalie,* qui souffrit le martyre sous Datianus,
« dans la cité de Barcelone[2]. » C'est à celle-ci que
nous attribuons la première messe de *sainte Eulalie
qui reposait dans ce pays,* d'après l'ancien missel du
diocèse. Enfin, en admettant même que les habitants
d'Elne eussent substitué, en 1069, sainte Eulalie de
Mérida à son homonyme de Ruscino, ils n'en auraient
pas moins conservé les reliques de cette dernière, et
l'on ne comprend pas comment elles n'ont jamais été

---

[1] *Notice ecclésiastique sur le Roussillon.*

[2] « Insunt reliquiæ *Sanctæ Eulaliæ* .. Insunt reliquiæ Sanctæ Leocadiæ...
« Insunt reliquiæ Sanctæ Eulaliæ, Martyris, quæ passa est sub Datiano, in
« civitate Barchinona. » *Memoria reliquiarum majoris altaris B. Michaelis monasterii Cuxanensis (Marca,* n° 222.)

conservées ni même mentionnées, non-seulement à Elne, mais encore dans aucune église du diocèse.

Laissons ces traditions, dont aucun témoignage sérieux n'est jamais venu confirmer la vérité, et voyons ce que l'histoire nous apprend sur cette question.

Le vocable de l'église d'Elne est mentionné, pour la première fois, dans un jugement de l'an 875, rendu en faveur de l'évêque Audesindus, où il est dit que la cellule de saint Félix (dans les Albères) était déjà, *depuis plus de cinquante ans, comprise dans le domaine de Sainte-Eulalie, église cathédrale d'Elne* [1]. Cette église était donc, dès l'an 825, sous l'invocation d'une sainte Eulalie, toujours désignée comme patronne du diocèse dans tous les documents des trois siècles suivants, sans autres désignations que celles de *Vierge* et *Martyre* [2]. L'église d'Elne ayant été reconstruite dans le cours du xie siècle, une nombreuse réunion de comtes, d'évêques et de seigneurs laïques et ecclésiastiques eut lieu dans cette ville, en 1058, *dans le but de réédifier l'église de Sainte-Eulalie.* La nouvelle cathédrale et l'ancienne étaient donc consacrées à une seule et même sainte. C'est du moins ce qu'on peut conclure des expressions dont se sert l'acte original dressé à cette occasion [3], et le maître-autel de

---

[1] « Quæ ipsi ecclesiæ subditum esse debet sub ditione *Sanctæ Eulaliæ Elnensis, Sedis Ecc'esiæ...* Per hos annos quinquaginta seu et amplius, jure ecclesiastico possessum fuit per successionem Sancti Felicis, *sub ditione Sanctæ Eulaliæ.* » (*Hist. du Languedoc*, tom. i, preuv. ci.)

[2] *Sainte Eulalie* est ensuite désignée comme patronne d'Elne, depuis l'an 894 jusqu'à l'an 1075, dans les documents publiés par Baluze. (*Marca*, nos 55, 57, 65, 66, 70, 98, 104, 142, 199, 242, 250, 285, et dans le testament de Rikilde, vicomtesse de Narbonne, fait en 962, et publié à Vich.)

[3] « xxviii. anno Henrici, Regis Franciæ, iiii. idus decembris, advenerunt principes et seniores... in villa quæ dicitur Elna, *ad reædificandam Sedem Sanctæ Eulaliæ.* » (*Marca*, 250.)

la nouvelle cathédrale, construit en 1069, fut encore
dédié à EVLALIE, VIERGE ET MARTYRE, comme en
témoignait une inscription contemporaine [1]. S'agit-il,
dans tous ces documents, de la martyre de Mérida
ou de celle de Barcelone, également connues dans
le diocèse? C'est une pièce de l'an 1082, qui nous
donne les premières notions certaines à cet égard. On
lit, en effet, dans l'acte encore inédit de la fondation
du Prieuré de Serrabona, que ce lieu se trouve *dans
le diocèse de la cathédrale d'Elne, d'Eulalie, Vierge et
Martyre de Mérida* [2]. Ce document est daté du 5 des
nones de mars, l'an 22 du règne de Philippe, corres-
pondant à l'an 1082. Cela n'empêche pas les chartes
plus modernes de désigner, long-temps encore, la
patronne d'Elne, sous les simples titres de *Vierge* et
de *Martyre* [3], et l'on ne saurait voir, sous ces déno-
minations identiques depuis l'an 825 jusqu'à l'an 1155
et au-delà, qu'une seule et même sainte Eulalie, dont
la patrie nous est seulement indiquée par l'acte de Serrabona. La patronne d'Elne n'a donc jamais été chan-

---

[1]   « Anno LXVIIII post millesimo Incar
        « nacione Dñica, Indicione VII. Reverentisi
        « mvs Epvs istivs Ecclesie Raimvndvs, et Gavcefredvs
        « Comes, simvlqve Azalaiz Comitissa, pariterqve
        « homnibvs hominibvs istivs terre, potentes, mediocres
        « atqve minores, ivsservnt hoc altare in onorem Dñi
        « nostri Iesv Christi et Martiris hac Virginis eivs Eula-
        « lie edificare propter Devm et remedivm animas illorvm. »
                              (In Marca Hispan.)

2 « Ecclesiam in valle Asperiensi territorio, Diocesi *Emeritensis Virginis*
« *et Martyris Eulalie* Sedis Elnensis, loco Serrabona vocato. » Cette charte
provient des archives de l'église de Solsona.

3 En 1086, « almæ *Eulaliæ Virgini* Helnensis Sedis. » *(Marca, nº 299.)*
Voir encore, pour les années suivantes, jusqu'en 1155, le recueil de *Marca,*
nos 302, 307, 311, 326, 361, 574, 377, 398, 400 et 424.

gée, et l'église de cette ville a été, dès le ixᵉ siècle, comme de nos jours, consacrée à *sainte Eulalie de Mérida*.

Il en serait bien autrement s'il fallait s'en rapporter à l'auteur anonyme d'une relation, dont les grossières erreurs méritent à peine l'honneur d'une réfutation sérieuse [1].

Voici, suivant cet auteur, comment le culte des saintes de Mérida se serait introduit dans notre diocèse :

Après la destruction de l'ancienne cathédrale d'Elne, que l'anonyme dit consacrée à *saint Pierre*, et pendant la construction de la nouvelle église qui, suivant lui, devait être dédiée à *sainte Marie*, il arriva que le comte de Roussillon se rendit en pèlerinage à Saint-Jacques *de Gallice*. A son retour, ayant entendu parler des miracles opérés à Mérida par les saintes Eulalie et Julie, il prit son chemin *par le royaume de Portugal*, et se rendit dans *la cité de Mérida, où étaient conservés les corps des deux saintes*. Pendant le séjour qu'il y fit, il se lia de grande amitié avec un archiprêtre chargé de garder les reliques de la cité, et il lui dit *qu'il le ferait grand seigneur dans sa terre*, s'il voulait se retirer avec lui et emporter les reliques des saintes Eulalie et Julie. L'archiprêtre, séduit par ces promesses, emporta les reliques confiées à sa garde, et suivit le comte en Roussillon. *Celui-ci tint conseil avec l'Évêque, le Chapitre et les Prud'hommes de la cité d'Elne ;* il offrit de se charger de la construction de la nouvelle église, et d'y faire contribuer tous ses vassaux, sous la condition que le maître-autel en *serait érigé en l'honneur de sainte Eulalie*. Le conseil se serait empressé d'adhérer à cette demande.

---

[1] Cet acte apocryphe a été publié dans le recueil de *Marca*, n° **272**.

S'il y a quelque chose de fondé dans ce singulier
récit, ce ne peut être qu'un vague souvenir du con-
cours prêté, en 1069, par le comte de Roussillon
Gausfred et par ses vassaux, à la construction du
maître-autel de la nouvelle cathédrale. Cependant,
M. Fortaner ne doutait pas que les habitants d'Elne
n'eussent, à cette occasion, sacrifié leur ancienne
patronne qui, suivant lui, était *sainte Eulalie de Ruscino*, pour adopter les deux saintes dont le comte de
Roussillon aurait apporté les reliques. Si l'enlèvement
des reliques des Martyres de Mérida avait dû amener
l'adoption de ces deux saintes comme patronnes du
diocèse, ce grand changement serait, sans doute,
connu autrement que par l'ignorante relation d'un
auteur anonyme; il aurait été constaté avant tout
dans l'inscription même du retable érigé en 1069, où
il est seulement fait mention de *sainte Eulalie, Vierge
et Martyre,* la seule que l'histoire véridique ait jamais
nommée comme patronne du diocèse d'Elne. «Mais le
« comble de l'ignorance et de la maladresse de l'ano-
« nyme, a dit M. Puiggari[1], c'est de faire voler dans
« le xIe siècle les reliques des saintes Eulalie et Julie
« à Mérida, d'où elles avaient été transportées, en
« 776, à Oviédo, capitale des Asturies, où sainte Eu-
« lalie est encore la patronne du diocèse. »

Nous n'avons ni à rechercher l'origine ni à discuter
l'authenticité des reliques des saintes Eulalie et Julie
que l'église d'Elne possédait anciennement : nous nous
bornerons à relater ici le peu de renseignements que
l'histoire nous fournit à cet égard.

La cathédrale d'Elne possédait, sans doute depuis

---

[1] *Elne, Notice historique,* par M P. Puiggari.

fort long-temps, des *reliques de sainte Eulalie*, dont il est fait mention, pour la première fois, dans une charte du 8 des kalendes de mars 1140, par laquelle Raymond, comte de Barcelone, renouvelle les promesses faites aux évêques d'Elne par ses prédécesseurs, et s'engage « envers son Seigneur Dieu, la « sainte église d'Elne et la bienheureuse *Vierge Eulalie, qui repose dans ladite église* [1]. »

Elne ayant été prise, en 1285, par l'armée du roi de France, Philippe III, les églises de cette ville furent livrées au pillage, et les images des saints furent brisées, ainsi que les châsses qui en contenaient les reliques [2]. Celles de la cathérale furent dispersées comme les autres dans cette horrible scène de destruction ; mais il paraît qu'on les recueillit ensuite, et l'on a conservé une espèce de procès-verbal, rédigé l'année suivante pour la remise de quelques reliques de sainte Eulalie faite par un clerc de Narbonne à Pons Peytavi, chanoine du monastère d'Espira-de-l'Agly et curé d'Opoul. Voici la déclaration faite à ce sujet le 6 des ides d'août 1286, par ledit clerc, nommé Guillaume Serra.

« Je me trouvais, dit-il, à Elne, dans l'église de la « bienheureuse vierge Eulalie, lorsque cette cité fut « saccagée par l'host de notre illustrissime seigneur « le roi de France, et je vis briser et détruire une « châsse ou caisse en bois recouverte d'argent et dorée « à la partie supérieure, avec les images qu'il y avait

---

[1] « Convenio Domino Deo et Sanctæ Elenensi Ecclesiæ et *Beatæ Virgini* « *Eulaliæ, quæ in præfata requiescit Ecclesiâ.* » (*Marca* , n° 598.)

[2] « E quant la vila d'Euna fon presa… entraren en les sgleyes de la vila « e robaren les, e trencaren les creus e ymatges dels Sants que y eren, e « gitaren ho tot a perdicio ; e gitaren les reliquies dels Sants que y eren. » *(Cronica del Rey En Pere* , per B D'Esclot, capitol 141.)

« au côté droit de l'autel. Cette châsse, qui renfermait
« les os du corps de ladite sainte, fut brisée en ma
« présence par des Français de l'host de notre roi, et
« ils en jetèrent les débris devant l'autel de sainte
« Eulalie. Je m'approchai alors, et je ramassai dévo-
« tement deux os de chacun des bras de sainte Eulalie.
« Je voulus savoir tout de suite à quel saint ou à quelle
« sainte appartenaient ces reliques, et je trouvai, dans
« l'église même, le doyen d'Elne, quelques prêtres
« de la ville et quelques autres personnes qui me
« dirent que c'étaient des reliques du corps de sainte
« Eulalie, Vierge; ce qu'ils m'affirmèrent devant plu-
« sieurs témoins *et sur le péril de leurs âmes*. Mais je
« n'ai pas le droit de retenir, et je ne suis pas digne
« de conserver ces précieuses reliques : je les remets
« donc à vous, mon cher Pons Peytavi, pour l'amour
« et l'affection que je vous porte, afin que, par vos
« soins, elles soient restituées et rendues aux hon-
« neurs que cette sainte mérite dans ce monde [1]. »

Guillaume Serra confirma par son serment la vérité
de tous ces détails. Nous ignorons d'ailleurs ce que
devinrent ces reliques; mais il paraît qu'en 1340,
celles de sainte Eulalie et de sainte Julie furent tirées
de dessous le maître-autel de la cathédrale par l'évêque Gui de Terrena, pour être désormais exposées à
la vénération des fidèles [2].

A partir de cette époque, l'église d'Elne se glorifia
de posséder les reliques des deux martyres de Mérida,
comme on l'a vu par l'oraison de la messe qui leur
est consacrée dans l'ancien *Missel du diocèse*.

Enfin, l'évêque d'Elne Galcerand, dans une charte

---

[1] *Gallia Christiana*, tom. vi, Instrumenta Eccl. Helnens., n° xvii.
[2] *Elne, Notice histor.*, par M. P. Puiggari. — *Marca*.

du 10 juillet 1437, relative à la construction d'un pont
sur la Tet, *pour aller de Vinça aux pays du royaume de
France*, accorde quarante jours d'indulgence à ceux
des fidèles de son diocèse qui concourront à cette
bonne œuvre, « par l'autorité de Notre-Seigneur Jésus-
« Christ, des bienheureux Apôtres Pierre et Paul, et
« des bienheureuses *Eulalie et Julie, Vierges et Mar-*
« *tyres, dont les corps reposent dans notre église cathé-*
« *drale* [1]. »

Le *corps* de sainte Eulalie fut encore doté d'une
riche turquoise en 1467, par l'évêque d'Elne Antoine
de Cardona [2].

Il reste à déterminer l'époque où le culte de sainte
Julie fut associé, dans le diocèse d'Elne, à celui de
sainte Eulalie, sa sœur ou sa compagne. Voici, à cet
égard, le dernier jugement émis par M. Puiggari :

« Le côté oriental du cloître d'Elne appartient au
« XIIIe ou au XIVe siècle, selon le jugement de
« M. Grille de Beuzelin, et l'opinion de cet archéo-
« logue distingué est d'autant plus admissible qu'elle
« est justifiée par une particularité qu'il n'avait pas

---

[1] « Auctoritate Domini nostri Jnv Xpi, et Beatorum Apostolorum Petri
« et Pauli, ac Beatarum Eulalie et Julie, Virginum et Martirum, *quarum
« corpora in nostra cathedrali Ecclesia conquiescunt*, Quadraginta dies de
« infactis penitenciis in Deo misericorditer relaxamus » *(Archives de la
Mairie de Vinça.)*

[2] Nous avons retrouvé le testament de cet Évêque, daté du 10 septembre 1467. On y lit : « ... Corpori vero nostro exanimi cepulturam eligi-
« mus in Ecclesia Beate Eulalie Sedis Elne in tumulo in quo predecessorum
« nostrorum Episcoporum corpora requiescunt et cepulta fuerunt... Lle-
« guamusque ipsius Beate Eulalie *corpori* unam pulcrissimam turquesiam
« quam habemus, quam imponi jubemus capiti eiusdem Beate Eulalie dicte
« Sedis : Eciamque leguamus dicte Ecclesie Beate Eulalie unam chatisfam
« meliorem pro tabula quam habemus, que serviat ante altare dicte Eccle-
« sie Beate Eulalie, existendo in solo pro panno pedum. » *(Archives d'Ille.)*

« connue. En effet, sur le côté *est*, assigné en partie
« au xive siècle par le bon juge précité, est repré-
« senté, en bas-relief, le martyre de sainte Eulalie et
« de sainte Julie, et il conste précisément que cette
« dernière sainte ne fut connue et associée à l'autre
« qu'en 1340. » (*Elne, notice historique.*)

Il ne nous appartient pas de résoudre la question
d'art que soulève M. Puiggari; mais, il nous sera
facile de montrer l'insuffisance de la preuve qu'il
indique, pour déterminer l'époque où une partie du
cloître d'Elne fut construite. En effet, quelques
monuments sigillographiques, que nous avons découverts dans ces derniers temps, établissent parfai-
tement que l'association du culte de sainte Julie et
de sainte Eulalie dans l'église d'Elne, remonte à une
époque beaucoup plus reculée que celle que l'on
indiquait jusqu'ici. Nous pensons, d'ailleurs, que les
détails dans lesquels nous allons entrer, indépen-
damment de l'intérêt qu'ils peuvent offrir dans cette
question particulière, auront encore tout l'attrait de
la nouveauté pour l'étude d'une branche de l'archéologie, sur laquelle il n'a été, jusqu'ici, rien publié
parmi nous.

Nous trouvons, d'abord, dans les précieuses archives de l'Hôpital d'Ille [1], une charte, datée du 8 des
calendes d'août 1244, par laquelle l'Évêque d'Elne
Bernard (de Berga), accorde quarante jours d'indulgence aux fidèles qui contribueront, par leurs au-
mônes, à la construction de l'Hôpital d'Ille et de son
église. Ce document porte encore, sur cire brune, le
sceau pendant de l'Évêque qui l'a donné, avec contre-

---

[1] Parchemin A, n° 6.

sceau au revers. Le sceau, de forme ovale, a une longueur de 0m,05, sur une largeur de 0m,03, et se trouve
dans un assez bon état de conservation [1]. Il représente
l'Évêque d'Elne, de face et en entier, coiffé de la mitre,
tenant la crosse de la main gauche, avec trois doigts de
la main droite ouverts, pour donner la bénédiction.
Tout autour, se trouve la légende + s. b : DEI GRACIA
HELNENSIS EPISCOPI. La conservation du contre-sceau
a été, sans doute, un peu compromise par l'usage
auquel cette pièce a été long-temps destinée: car le
Frère quêteur, porteur de cette missive, était obligé
de la présenter à toutes les personnes dont il sollicitait
les secours [2]. Tel qu'il est, on y distingue encore, au
milieu d'un cercle de 0m,018 de diamètre, deux têtes
nimbées, qui sont celles des patronnes d'Elne, comme on le voit par la légende qui se lit tout autour :
+ S. EVLALIA... IVLIA. Cette simple lecture en dit déjà
beaucoup sur la question qui nous occupe. Une ins-
pection plus attentive semble encore lui donner plus
d'importance, et porterait à voir, dans quelques diffé-
rences des formes épigraphiques des deux inscriptions,
une différence de date bien marquée. Les caractères
de l'inscription du sceau ont la forme généralement
adoptée dans notre pays pendant le XIIIe siècle, tandis
que ceux du contre-sceau, notamment la lettre V,
semblent se rapporter à une époque beaucoup plus
ancienne. Il est vrai que la forme de la lettre A est
la même dans le sceau et le contre-sceau. Nous ne
nous livrerons pas ici à des conjectures plus ou moins
hasardées; mais il en est une de bien naturelle, c'est

[1] Voyez les planches qui accompagnent cette note, n° 1.
[2] « Quatenus cum nuncius dicti Hospitalis *refferens presentes litteras* ad
« nos accesserit *eundem benigne suscipientes*, etc. » (*Ibid.* Voyez Pl. n° 2.)

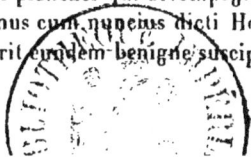

2

que le contre-sceau de la charte d'Ille est le type du sceau primitif de l'Église d'Elne, attaché à tous les documents diplomatiques émanés de la cathédrale, tandis que le sceau particulier de l'Évêque Bernard de Berga, remonte au moins à l'an 1230, époque où ce Prélat occupait déjà le Siége d'Elne. Le contre-sceau ne variait donc jamais, tandis que le sceau particulier se renouvelait pour chaque Évêque, après son élection. C'est un usage qui a existé dans une infinité de Siéges épiscopaux, d'Abbayes et d'autres communautés qu'il est inutile de citer ici : il a pu aussi exister à Elne, et nous espérons que des découvertes nouvelles le prouveront un jour.

Quoi qu'il en soit, ce contre-sceau devient un de nos monuments archéologiques les plus précieux. Il cessa d'être en usage dans la suite, et, dès le xve siècle, les évêques d'Elne firent graver, au centre même de leur sceau particulier, les deux patronnes du diocèse, sous lesquelles ils plaçaient l'écusson de leurs armes, le tout entouré de légendes particulières.

C'est ce qui se voit dans le sceau de Galcerand, promu à l'évêché d'Elne le 6 des ides d'août 1431. Nous avons retrouvé deux chartes de cet évêque : l'une, datée d'Elne, le 12 du mois d'août 1434, relative à la collation d'un bénéfice ecclésiastique fondé dans l'église de Saint-Féliu-d'Avail; l'autre, donnée à Perpignan *sub sigillo nostri vicariatûs*, le 18 août 1452, pour le fermage des revenus de la cure de Boule-Ternère. Toutes les deux gardent encore les traces d'un même sceau [1]. Malheureusement, ces chartes sont dans un état de dégradation qui ne permet pas

[1] Planch. no 3.

de distinguer tous les détails du type qui a produit
ces deux empreintes. Mais on y reconnaît distincte-
ment les deux saintes Eulalie et Julie, représentées
de face, et portant, l'une à la main droite et l'autre
à la main gauche, la palme du martyre. Chacune
d'elles est encadrée dans une niche formée de deux
colonnettes avec pinacles fleuronnés, supportant
deux dômes à pendentifs, dont chacun se couronne
d'un petit clocheton. La partie inférieure du sceau
porte un écu dont le champ est chargé d'un globe
surmonté d'un *arbre* à deux branches, armes parlantes
de l'évêque Galcerand, qui appartenait à la famille
Albert. L'état des empreintes ne permet pas de lire
une seule lettre de l'inscription qui entourait le sceau
de ce Prélat.

C'est le même type que l'on retrouve dans le sceau
de François de Lloris, neveu du pape Alexandre VI,
nommé à l'évêché d'Elne le 5 novembre 1499, dont
nous avons une charte datée du 18 mai de l'an 1501,
relative à la collation d'un bénéfice fondé dans une
église d'Ille[1]. L'empreinte du sceau y est marquée presque partout avec une remarquable netteté. Ce sont,
comme dans le sceau de l'évêque Galcerand, les
saintes patronnes d'Elne dans des niches à colonnettes
surmontées de dômes gothiques, avec pendentifs,
pinacles et clochetons gracieusement découpés. Mais
la différence est grande, sous le rapport de l'art, et
dans les détails d'une ornementation dont la richesse

---

[1] Cette charte commence ainsi : « Franciscus Dei et Apostolice Sedis
« gracia Episcopus Glandelacen. et, pro Reverendo in Xpo Patre et Domino
« Domino Francisco eadem gracia Eluen. Episcopo, in spiritualibus et
« temporalibus Vicarius generalis, universis et singulis Presbiteris, etc. »
(Voyez Planch. n° 4)

trahit l'inspiration nouvelle qui animait déjà toutes les branches des beaux-arts. C'est le souffle de la Renaissance qui pénètre dans l'art ecclésiastique, et nous verrions sans difficulté l'œuvre d'un artiste de Rome ou de Florence dans ce sceau d'un Prélat qui passa le reste de ses jours en Italie, fut cardinal de Sainte-Marie-Novelle, patriarche de Constantinople, secrétaire d'Alexandre VI, et mourut à Rome le 22 juillet 1506. L'écu de François Lloris occupe la partie inférieure du sceau ; mais nous n'avons pu reconnaître les armes qu'il portait, et tout ce que nous avons pu lire de la légende se réduit au mot LORIS.

Nous ne pouvons, faute de monuments, poursuivre cette étude dans le cours du xvie siècle, et le sceau de l'évêque de Perpignan, François Lopès de Mendoça, que nous trouvons dans une lettre du 6 octobre 1628, n'offre plus que l'écusson des armes du Prélat[1], avec la légende : DON FRANCISCVS LOPES DE MENDOCA EPISCOPVS ELNEN.

Nous pourrions ajouter ici quelques considérations archéologiques sur certains monuments tirés de quelques églises de notre diocèse consacrées à sainte Eulalie ; mais il ne nous reste guère que des œuvres d'art relativement fort modernes, et une des plus intéressantes est, sans contredit, un ancien retable provenant de l'église de Sainte-Eulalie de Vilella, existant aujourd'hui dans l'église de Rigarda. Ce sont des peintures sur bois qui représentent, sous des costumes du xive ou du xve siècle, diverses scènes du martyre des saintes Eulalie et Julie. On peut y remarquer une étrange confusion entre la martyre

---

[1] Planch. no 5.

Eulalie de Mérida et son homonyme de Barcelone, confusion adoptée d'ailleurs par plusieurs auteurs ecclésiastiques, entre autres par Baronius [1], qui sont allés jusqu'à nier l'existence de sainte Eulalie de Barcelone. Mais ces considérations, qui ne nous apprendraient aucun détail nouveau sur ce point, ne feraient que développer outre mesure cette note déjà bien étendue. Nous croyons donc, en résumé, avoir démontré, par des preuves irrécusables, que sainte Eulalie de Mérida est la patronne d'Elne au moins depuis le ixe siècle. Ce point admis, la question de l'époque où le culte de sainte Julie fut associé à celui de sa sœur Eulalie ne saurait offrir de sérieuses difficultés. Il en fut sans doute, à ce sujet, comme des honneurs rendus aujourd'hui simultanément à saint Julien et à sainte Basilice dans diverses églises de notre diocèse, que les anciens documents représentent comme uniquement consacrées à saint Julien. Aussi, n'hésitons-nous pas à conclure que le culte de sainte Julie est aussi ancien à Elne que celui de sa sœur Eulalie, et nous avons fait voir que leur association y remonte au moins à l'an 1230.

7 juillet 1857.

---

[1] Selon ces auteurs, *sainte Eulalie de Barcelone* aurait été à peu près inconnue jusqu'à la découverte de ses reliques, faite dans la seconde moitié du ixe siècle. Toujours est-il que la cathédrale de Barcelone, qui lui fut plus tard consacrée, était, en 801 *(Vita Ludovici Pii*, auctore Astronom. *Hist. rer. Franc.*, tom. vi, p. 91) et encore en 966 *(Marca,* 104), sous l'invocation de la *Sainte Croix;* celle d'Elne était, au contraire, dès l'an 828, sous l'invocation de la *Vierge Eulalie,* qui devait être celle *de Mérida,* la seule qui fût connue à cette époque, selon toute apparence. C'est une considération qui vient encore à l'appui de l'opinion soutenue dans cette notice.

MONASTÈRES DE L'ANCIEN DIOCÈSE D'ELNE, *

Par M. **B. ALART,** membre résidant.

II.

ABBAYE DE SAINTE-MARIE DE JAU OU DE CLARIANA,

ORDRE DE CÎTEAUX.

L'Abbaye de Cîteaux, fondée vers l'an 1098, vit sortir de son sein un nouvel Ordre monastique, dont les constitutions furent confirmées, en 1119, par le Pape Callixte II. Ces nouveaux disciples de saint Benoît, s'imposèrent le travail selon la règle primitive; changèrent seulement l'habit noir en habit blanc, comme le symbole d'un dévoûment spécial à la Sainte Vierge, et déclarèrent qu'ils s'occuperaient uniquement de leur salut, en demeurant soumis aux Évêques. Illustré, presque à son origine, par saint Bernard, l'oracle du xiiᵉ sièle, l'Ordre de Cîteaux s'attira tant de novices, par sa réputation de ferveur et d'austérité, qu'il put, en moins de cinq ans, envoyer au loin plusieurs colonies, et fonder les quatre Abbayes de la Ferté, de *Pontigny*, de Clairvaux et de Morimont, que l'on nomma les *quatre filles de Cîteaux*.

* Voir, dans le dixième volume de la *Société agricole, scientifique et littéraire* des Pyrénées-Orientales, une notice historique sur les *Trinitaires de Sainte-Marie de Corbiach*.

Chacune d'elles produisit, à son tour, un grand nombre de Communautés, et eut bientôt le rang et les
prérogatives de Maison chef-d'Ordre, bien qu'elles
demeurassent toujours sous la direction de l'Abbé de
Cîteaux. Mais aucune n'égala l'Abbaye de Clairvaux,
qui s'était agrégé soixante-seize monastères, et renfermait sept cents moines à la mort de saint Bernard
(1153). Neuf ans après, les Cisterciens paraissent, pour
la première fois dans le Diocèse d'Elne, et fondent
l'Abbaye de *Jau*, sur la montagne de *Clariana*, ce
redoutable passage, si souvent perdu dans les tour-
billons de neige; cette porte du mauvais temps, objet
de tant de préoccupations pour nos agriculteurs, et
cause de tant de dangers pour les voyageurs qui pas-
sent du Conflent au pays de Roquefort.

Bien différents des anciens Bénédictins d'Arles, de
la Vall de Soréda et d'Exalada, qui s'établissaient sur
les monuments et près des voies de l'antique civili-
sation romaine; bien différents, surtout, de ces Cha-
noines du second âge monastique, que de puissants
fondateurs appelaient dans les riches domaines de
Cornella et d'Espira, les Cisterciens cherchaient,
avant tout, la solitude, et construisaient leurs cel-
lules loin des villes et des villages, près des eaux
limpides d'une rivière, au milieu des forêts silen-
cieuses, dont les cloches argentines faisaient bientôt
retentir les échos. Cîteaux et Clairvaux n'avaient pas
d'autre origine, et l'on doit convenir que les forêts de
Clariana devaient offrir, aux moines du nouvel ordre,
un site des mieux appropriés à l'exercice de leur aus-
tère discipline [1].

---

[1] Ne s'agirait-il pas du monastère de *Jau*, dans ce passage où le trou-
badour roussillonnais, Pons d'Ortafa, que les rigueurs de sa Dame ont

La vallée que l'on parcourt depuis Mosset jusqu'aux sommités de Jau, offre partout, pendant près de dix kilomètres, de riches domaines dont la plantureuse végétation, les vertes prairies et les innombrables *cortalades*, parsemées le long de la rivière de Castallar, présentent à chaque pas de magnifiques paysages, au sein d'une séduisante nature qu'anime une industrieuse et énergique population.

L'aspect de la vallée se modifie un peu en approchant de la côte qui mène au col de Jau, et le chemin qui monte aujourd'hui sur des pentes dénudées, traversait autrefois une magnifique forêt que les anciens de Mosset ont vu tomber dans ces derniers temps, et dont on peut encore se faire une idée par la forêt dite *de la Moline*, qui couvre toute la rive droite de la rivière, en face des ruines du monastère et du col de Jau. Toutes les hauteurs, à partir de ce point, sont le domaine d'innombrables troupeaux dans les mois de la belle saison, le partage des neiges pendant le reste de l'année ; et l'on se prend aisément à se figurer que le désir de porter secours aux voyageurs qui traversent alors ce redoutable passage, entra pour une bonne part dans la ferveur religieuse qui poussa

réduit au désespoir, dit qu'il veut se faire moine, et se retirer dans un désert ?

« Si ai perdut mon saber,
» Qu'a penas sai on m'estau,
« Ni sai don veu ni on vau
« Ni que m fauc lo jorn ni 'l ser...
« A per pauc no m desesper,
« O no m ren monges d'Anjau,
« O no m met dins una clau
» On hom no m pogues vezer... »

Ne pourrait-on pas lire *monges de Jau*, au lieu de la leçon donnée par M. Raynouard ?

les cénobites de Cîteaux dans ces lieux reculés. Le monastère de Jau serait donc le Saint-Bernard de ces parages ; ce serait, comme les hôpitaux du col d'Ares et de la Perche, une de ces sentinelles de l'humanité que la religion de nos pères postait sur nos montagnes, dans les passages dangereux qui introduisaient l'étranger dans le Diocèse d'Elne.

On ignore l'époque de la fondation de l'Abbaye de Jau ; et tout ce que l'on sait de ses premiers temps, c'est qu'elle fut soumise, en 1162, par Artald, évêque d'Elne, à l'Abbaye d'Ardorell, du Diocèse d'Alby, dépendant elle-même de la Maison de Pontigny, l'une des *quatre filles de Cîteaux* fondée en 1114, à quatre lieues d'Auxerre [1]. Les auteurs du *Gallia Christiana* ne nous en apprennent guère davantage sur cette Abbaye et sur son histoire, qu'ils terminent brusquement au commencement du xviiie siècle, et c'est seulement avec les débris des archives de la province [2] que nous essaierons de combler cette immense lacune. Mais les sources ne sont guère abondantes pour le premier siècle de l'histoire de Jau, justement celui qu'il y aurait sans doute le plus d'intérêt à connaître et à étudier.

Lors de sa fondation, Sainte-Marie de Jau reçut, sur la paroisse de Mosset, d'importantes dotations dont les auteurs nous sont inconnus, et sur lesquelles

[1] On croit que l'Abbaye de Jau ou de Clariana, est le monastère désigné sous les noms de *Calana* et de *Dovaria*, et sous celui de *Monasterium de Januariis* ou *de Jano*, dans la *Notice des Abbayes de l'Ordre cistercien de Jongelinus*. (*Gallia christiana*, tom. vi.)

[2] Le Cartulaire de Jau se compose de 41 pièces recueillies par M. de Saint-Malo, et de 247 autres, qui sont le produit de nos propres recherches ; on peut y joindre une charte et une liasse déposées aux archives civiles de la Préfecture. Ces derniers documents vont de l'an 1755 à l'an 1775.

nous donnerons plus loin quelques détails. Vinrent
ensuite quelques acquisitions sur le territoire des
villages environnants. Mais les solitaires de Clariana,
comme ceux de Canigó, de Serrabona, et de presque
tous les Ordres monastiques de cette époque, ne tardèrent pas à trouver insuffisantes les forêts silen-
cieuses, les roches et les solitudes stériles où les avait
fixés le premier élan d'une sainte ferveur. Ils com-
mencèrent d'envoyer des colonies dans des climats
meilleurs et dans des domaines plus productifs, et
fondèrent, sur divers points du Roussillon, de véri-
tables centres d'exploitation agricole qui, sous le nom
de *granges*, servaient à loger le trop plein du personnel de la maison-mère, et lui donnaient des revenus qu'elle se serait difficilement procurés sans cela.
On sait, d'ailleurs, que, d'après leurs constitutions
primitives, les moines de Cîteaux ne voulaient posséder ni dîmes, ni églises paroissiales, ni fiefs, ni
villages, ni serfs, mais seulement des fonds de terre
ou des métairies qu'ils feraient cultiver par des servi-
teurs à gages ou par des frères convers; et ces règles,
qui semblent avoir été toujours observées par les
Cisterciens de Jau, contrastent singulièrement avec
les institutions féodales qui pesaient alors d'un poids
si lourd sur les habitants de nos campagnes[1]. Les plus
anciennes *granges* cisterciennes connues dans le Roussillon sont des dépendances de l'Abbaye de Fontfroide,
dont les religieux appliquaient leur travail péniten-

---

[1] On voit, il est vrai, parmi les possessions de Jau, quelques *masades*,
situées à Mosset et à Glorianes; mais nos documents ne nous disent pas si
les tenanciers de ces domaines étaient, comme tous les autres *hommes propres*,
amansats et *abordats* du pays, soumis aux servitudes de la *remença personal*,
de l'*intestia*, de la *cuguciá* et de l'*exorquia*.

ciel à l'industrie pastorale, et c'est dans ces vues que ce monastère s'était pourvu de vastes pasquiers à Tautaull (1176), à Vespella et à Pérellos (1187), à Rojà, à Pla-Guillem, à Costabona et à Garavella[1]. Leur *grange* de Saint-Sauveur de Canamals renfermait, dès l'an 1208, plusieurs religieux, des gens de service, des troupeaux et d'importantes propriétés[2].

Les *granges* de Jau semblent avoir eu un but purement agricole, et nous n'hésitons pas à faire remonter leur origine aux premières années du xiiie siècle, bien que nos documents les signalent beaucoup plus tard. La *grange d'Ille* est incontestablement de cette époque. On la connaît, dès l'an 1236, sous le nom de *Manse de Sainte-Marie*. Le 15 des calendes de septembre de cette année, l'Abbé de Jau et frère Guillaume Sifin, qui était sans doute le *grangier*, vendirent à l'Hôpital d'Ille une parcelle de terre dont le prix, 30 sous melgoriens, fut consacré par eux à l'achat d'un bœuf dont leur *manse* avait le plus grand besoin[3]. La grange d'Ille, située en face et à l'ouest de l'église dite aujourd'hui *de la Rodona*, avait une chapelle et de nombreux fonds de terre compris dans le territoire d'Ille. La *grange de Saint-Martin de la Riba*, située sur la rive gauche de la Tet, entre Néfiach et Millas, avait le même caractère agricole : c'était une ancienne fondation des Bénédictins de

---

[1] RENARD DE SAINT-MALO, *Publicateur* du 26 novembre 1856.

[2] HENRY, *Histoire du Roussillon*, tom. 1, preuve n° 2.

[3] « Quos omnes ·XXX· sol. confitemur et recognoscimus esse versos in « maximam utilitatem nostri mansi de Insula nam de dictis ·XXX· sol. « emimus 1· bouem. » *(Archives de l'Hôpital d'Ille*, parchemin G, n° 42.)

Il est bien entendu que, dans nos citations latines, nous ne pouvons que respecter scrupuleusement l'orthographe et le texte des documents originaux.

Saint-André de Sorède, acquise par le Monastère de Jau dans le cours du xiiie siècle. La troisième *grange* de Jau, anciennement connue sous le nom de *Manse de Cavanach*, au territoire de Calce, est le domaine dit aujourd'hui de *Jau*, sur la rive gauche de l'Agly, entre Estagel et Cases-de-Pèna.

Le Monastère de Jau avait pris, vers la fin du xiiie siècle, ses plus grands développements; il possédait alors tout ce que nous voyons plus tard constituer son domaine; son personnel se montre, dans les actes, plus nombreux qu'à toute autre époque, et nous trouvons parmi les offices claustraux, après l'*Abbé*, le *Prieur*, le *Cellerier*, le *Sacristain*, le *Grangier d'Ille*, le *Grangier de Saint-Martin*, et plusieurs autres frères conventuels à côté desquels figurent aussi quelques *donats*. En 1338, l'Abbé de Jau fut autorisé par Jacques II, roi de Majorque, à incorporer dans le domaine de sa Maison la métairie du *Pla de Cavanach*, et, la même année, il obtint du même roi une dérivation du Verndoble pour l'irrigation de ce domaine[1]. Les legs pieux abondent en faveur du monastère : un prêtre d'Ille se fait ensevelir dans son cimetière[2], et des *donats* figurent en nombre dans les documents de ses annales, se donnant et se consacrant, eux et tous leurs biens, à *Sainte-Marie de*

---

[1] Rég. I de la *Proc. Real*, fol. 115, et Rég. V, fol. 131, verso.

[2] Testament d'Arnald Veyl, prêtre d'Ille, du 5 des nones de janv. 1298 : « Eligo sepulturam meam in cemiterio monasterii Beate Marie de Cleyriana... « Item dimito monasterio de Cleyriana predicto ·C· sol. Bar. Cor. » Le testateur, disposant de ses autres biens en faveur de divers particuliers, ne pouvait être ni donat ni moine de Jau; il y a donc ici une contravention aux constitutions primitives de Cîteaux, qui interdisaient les concessions de sépulture dans les monastères de cet Ordre.

Jau, où ils devaient résider toute leur vie. Cependant, quelques difficultés s'élèvent déjà sur ce point, dès la seconde moitié du xive siècle; certains *donats* refusent déjà de tenir les promesses qu'ils ont faites [1], et tout ce que nous savons dès-lors sur la vie intérieure des moines de Jau, laisse entrevoir, au sein de la communauté, de scandaleuses inimitiés et de graves désordres, dont on pourra juger par les détails suivants.

Le 12 janvier 1372, frère Bertrand, abbé de Jau, nommait frère B. de Fontjoncosa, prieur de Jau, G. Fabre de Castellnou et Roger de La Tour, camérier de Montolieu, pour aller le défendre par-devant le Pape, les Cardinaux et tout tribunal compétent, sur les inculpations dont il était chargé par les confrères mêmes de Jau, et les faire punir de la peine du talion : comme aussi pour dénoncer les crimes, énormités, délits et maléfices de quelques-uns d'entre eux, et en requérir le châtiment qu'il promettait de rendre d'un salutaire exemple [2]. Le 16 novembre 1404, frère Jean, abbé d'Ardorell, *père abbé et visiteur* immédiat du Monastère de Jau, étant arrivé à Mosset pour procéder à sa visite, apprit que l'abbé Antoine ne résidait plus dans son monastère, et qu'il s'était retiré à Ille. Il le somma, sous peine d'excommunication, de comparaître devant lui dans les vingt quatre heures, dans la *maison d'habitation* que le monastère possédait à Mosset, ou dans le monastère, *à l'heure de vêpres*. La citation fut présentée le lendemain par frère

---

[1] Le 14 août 1566, Raymond Soléra, de Cornella-de-la-Rivière, s'était fait *donat* du Monastère de Jau, par un acte notarié dont il contesta, plus tard, la validité. Une sentence du 22 novembre 1583, approuvée par le Procureur de Jau, déclara, que cet acte n'était qu'une écriture privée, et l'ancien *donat* fut dégagé de tous ses vœux.

[2] Bernard Pastor, notaire.

Jacques Garaud; mais l'Abbé de Jau ne jugea pas à
propos d'obéir, et fit appel *à son seigneur, le Souverain
Pontife,* de la peine d'excommunication dont le me-
naçait le Père-Abbé. Son refus était motivé sur le peu
de temps qui lui était accordé pour se rendre d'Ille
à Mosset, « et surtout, ajoute l'Abbé de Jau, parce
« que j'ai aujourd'hui des *ennemis mortels* et malveil-
« lants audit lieu de Mosset, comme tout le monde
« en a connaissance; et enfin, parce qu'il n'y a ni
« équité ni justice à faire comparaître les parties à
« une *heure* et dans un *lieu* suspects [1].» Le même jour,
il nomma des procureurs pour le défendre auprès du
Pape, sous la protection et sauvegarde duquel il met-
tait sa personne, son monastère et ses biens.

Les *ennemis mortels* de l'abbé Antoine étaient précisément, à ce qu'il dit, les personnages qui avaient
figuré dans ce débat. Il fut obligé de résigner sa dignité d'abbé, et Jean Balterna, son successeur, con-
féra la *grange* d'Ille à frère Jacques Garaud, qui fut
bientôt sommé de quitter son office par ordre du
même abbé. Jacques Garaud protesta, le 30 octobre
1411, contre cette sommation, alléguant entre autres
raisons « que rien ne prouvait que ledit Jean Balterna
« fût le véritable Abbé de Jau, attendu qu'il n'en avait
« jamais reçu la confirmation par bulle apostolique,
« comme cela aurait dû être; en outre, le bruit cou-
« rait *qu'il n'était pas entré par la porte* pour avoir ladite

---

[1] «..Cum a dicto loco de Insula usque ad locum de Mosseto distent quatuor
« leuce et amplius. Item, cum ego dictus Abbas de Jauo abeo de presenti
« inimicos mortales ac malivolos in dicto loco de Mosseto, prout est vulgi
« opinio, specialiter inter illos qui noticiam habent de predictis; et cum
« jura sansiones clamant et dicunt : Quod non est equum neque justum
« hora et loco suspecto partes aliquas litigare, nec in loco suspecto; imo
« jura in contrarium prohibent, etc. » (*Notula* Bernardi Borgua, notarii.)

« abbaye, et que celui qui la possédait avant lui était
« encore vivant [1]. » Le moine dépossédé en appelait
encore au Pape; mais Jean Balterna n'en occupait
pas moins l'abbaye depuis trois ans, et il la posséda
pendant plus de vingt ans encore.

Il y a apparence que son successeur, Antoine Baro,
n'était pas *entré* non plus *par la porte* pour arriver à
l'abbatiat de Jau. Il en était déjà exclu en 1443, mais
il n'en prenait pas moins le titre d'*abbé*, auquel il
joignit aussi, en 1445, celui d'*administrateur perpétuel
du Monastère de Vallbona*. Il se fit aussi chasser igno-
minieusement de cette abbaye, après en avoir persé-
cuté l'abbé légitime qu'il avait prétendu supplanter,
sous l'appui de frère Pierre Ferrer, abbé de Fontfroide, autre indigne religieux qui fut également
déposé de sa dignité le 29 octobre 1448.

Cette succession d'indignes administrateurs n'était
pas de nature à maintenir la prospérité du monastère
de Jau, qui vit décroître rapidement son personnel
et ses revenus à partir du xvᵉ siècle. Le 22 novembre
de l'an 1400, le couvent ne se composait plus que
de *quatre frères ayant voix au chapitre*, et le 26 septembre 1413, l'Abbé de Jau nommait son collègue de
Vallbona procureur pour le représenter au *chapitre
cistercien* de Tortose, où il était appelé par le Saint-
Siége. Le mandataire devait excuser l'Abbé de Jau
de ne pouvoir s'exécuter, vu qu'il ne resterait de la
communauté que *deux moines*, ce qui ferait chômer

---

[1] « De vestra provisione Abbascie vel possessione nullatenus constat per
« Bullas apostolicas, ut fieri debet de jure; ymo fama publica laborat quod
« vos ad abendum dictam Abbaciam *non intrastis per ostium* set aliunde; et
« ydeo non constat clare an vos sitis verus Abbas dicti monasterii, maxime
« cum ille qui Abbasciam srpedictam tenebat vivit et suam vitam ducit in
« umanis. » (*Notula* Jacobi Plani, notarii.)

le service divin. Le 30 novembre de la même année,
on trouve une autre délégation pour mêmes motifs
qui s'aggravaient de la pauvreté de la Maison, privée
qu'elle était des revenus de France depuis que ce
royaume se refusait à l'obédience de Benoît XIII, et
frustrée aussi de ses revenus d'Aragon par suite des
mortalités et des guerres, à tel point, qu'à peine la
faible communauté de Jau avait-elle de quoi vivre.
Toutes ces causes de misère ne firent que s'aggraver
dans la suite du xvᵉ siècle, surtout avec les malheurs
qui frappèrent le Roussillon à la suite de l'occupation
de ce pays par les troupes de Louis XI.

Tous les revenus de l'abbaye furent mis sous le
sequestre en 1471, par la Cour souveraine du Parlement de Perpignan ; mais ils ne tardèrent pas à ren-
trer sous l'administration de l'Abbé. Toute trace de
conventualité disparaît à partir de cette époque; l'Abbé
figure seul dans les documents, et l'on n'y trouve
plus le nom d'un seul moine, bien qu'à la date du
10 janvier 1489, frère Jean Boher, abbé de Jau, ait
affermé ses revenus de Néfiach *au nom du couvent,*
pour payer les frais d'une cloche nouvelle et de quelques réparations nécessaires. Du moins, les Abbés appartenaient encore à cet Ordre de Cîteaux qui avait
fondé le Monastère de Clariana, et l'on y trouve encore, en 1519, frère Pierre Rullan, religieux d'Ardorell et abbé de Jau, dont Alexandre de Rochaberti,
chanoine régulier de la Roure (Diocèse de Gérone),
attendait la résignation.

Il n'y eut plus, dès-lors, que des *abbés commenda-
taires,* membres du clergé séculier, quelquefois jeunes
prêtres de dix-sept ans, qui ajoutaient les revenus de
Jau à ceux de leur canonicat ou de leurs autres bé-

néfices, vivaient à Rome ou dans des diocèses éloignés, et ne visitaient guère leur Abbaye que le jour où ils venaient en prendre possession. Pendant quelques années du xvɪᵉ siècle, on trouve, il est vrai, un religieux cistercien qui se dit *moine du Monastère de Jau,* mais faisant sa résidence ordinaire dans la *maison* que l'Abbé possédait à Mosset. Il y a lieu de croire que le monastère était complètement inhabitable et désert à cette époque, puisqu'en 1549 la chapelle en était desservie par des prêtres des églises de Mosset ou par d'autres prêtres que le fermier de l'Abbaye se chargeait d'y entretenir pour la célébration des divins offices.

Nous venons de parcourir rapidement les diverses phases de l'existence de l'Abbaye de Jau, et l'on voit qu'elle n'est pas tout-à-fait dépourvue d'intérêt, bien qu'elle n'offre ni hommes remarquables ni grands évènements. Malheureusement, beaucoup de faits demeureront à jamais inconnus dans l'histoire de cette communauté, que son isolement et son voisinage de la frontière ennemie exposaient à tant de dangers. La tradition, encore conservée à Mosset, fait remonter la ruine de Jau aux premières années du xɪvᵉ siècle. Elle raconte que ce monastère était habité par les Templiers, à qui l'opinion vulgaire rattache tous les souvenirs religieux de notre pays, comme elle unit tous les faits chevaleresques de notre histoire aux noms d'Annibal, de Rolland et de Charlemagne. Lors de la suppression de l'Ordre du Temple, un Roi de France (Philippe-le-Bel) aurait fait brûler le Monastère de Jau et massacrer les religieux qui s'y trouvaient, et, le même jour, vingt-cinq autres établissements du Temple auraient été détruits dans le Diocèse d'Elne. Six têtes, découvertes, on ne dit pas à quelle époque, parmi les ruines de la sacristie de Jau, seraient la preuve de cette sanglante tragédie, et l'origine de cette légende, contraire, comme on le voit, à tous les faits historiques que nous avons retracés plus haut, d'après les documents. Il n'en est pas moins vrai que la ruine de Jau remonte à une époque très-reculée. Cette Abbaye eut à souffrir, sans aucun doute, des guerres dont cette frontière a été si souvent le théâtre; mais on a vu que ses moines, ses abbés, et diverses causes désastreuses, en avaient de bonne heure préparé la décadence. Ce ne fut plus qu'un simple bénéfice ecclésiastique dès le xvie siècle, et ses abbés, n'ayant plus de religieux à régir, n'eurent pas même à s'occuper des réformes qui relevèrent l'Ordre de Cîteaux en 1577 et 1664.

Nous allons donner la série des abbés de Jau, et ajouter quelques détails qui n'ont pu trouver place dans le résumé qui précède, pour mieux faire connaître l'importance de cette abbaye et le rôle qu'elle a pu jouer dans l'histoire ecclésiastique du Roussillon.

SÉRIE DES ABBÉS DE SAINTE-MARIE DE JAU

OU DE CLARIANA.

I. MARTIN.—Martin était Abbé de Jau en 1162, lors de la soumission de cette Abbaye à celle d'Ardorell. (*Gallia christ.*, t. vi.)

II. RAYMOND-PIERRE Ier. — Nous mettons après lui Raymond-Pierre, abbé cistercien de Clariana, dont l'*obit* est porté au 6 des calend. de décembre, dans le *Nécrologue de Silva Major* (tome ix, fragment. Stephanotii), sans indication d'année.

III. BERNARD I. — Connu par une vente faite à l'hôpital d'Ille, le 15 des cal. de septembre 1236.

IV. PIERRE Ier. — Frère Pierre, abbé de Sainte-Marie de Jau, est connu par une charte du 15 des calendes de janvier 1271.

V. Dominique. — Cet abbé est nommé dans divers documents qui vont du 7 des ides de septembre 1298 au 16 des calendes de novembre de l'an 1300. L'abbé Dominique avait acheté une dîme de carnalage d'un certain donzell, nommé Bertrand de Tremonya[1], auquel il devait encore, en mars 1299, une somme de 124 livres melgoriennes, qu'il voulait payer en *toulousains*, et le Roi de Majorque devait être juge de la valeur de cette monnaie au change. Les *toulousains* furent acceptés le 1er avril suivant; et, par une charte du 1er août 1300, le Roi de Majorque ordonna que les dettes contractées envers les chrétiens *en monnaie noire de Toulouse*, seraient liquidées suivant la proportion de 20 sous barcelonais pour 23 sous de Toulouse. (*Livre vert mineur*, fol. 71.)

VI. Pierre II. — Connu par des actes qui vont du 8 des ides de juin 1307 au 14 juillet 1313. (*Cartulaire de M. de St-Malo.*)

VII. Bernard II. — Bernard Carrère, abbé de Jau, connu par un bail emphytéotique du 2 des ides d'avril 1321. (*Ibid.*)

VIII. André. — Le 9 des cal. de mai 1338, *frère André de Conco, abbé de Jau*, obtint du Roi de Majorque diverses concessions relatives au domaine de Cavanach. (*Ib.*) Nous ne connaissons aucune autre date qui se rapporte à l'existence de cet Abbé. On trouve, il est vrai, un autre religieux du Monastère de Jau nommé aussi *frère André de Conch*, qui se qualifie de *procureur de l'Abbé de Jau* le 15 juin 1350, et *grangier de la maison d'Ille* le 8 décembre suivant. Sclarmunde de Fonollet, vicomtesse d'Ille, le désigna parmi ses exécuteurs testamentaires, à la date du 26 avril 1352, et on le trouve, avec le simple titre de *moine de Jau*, dans un acte du 16 avril 1366.

IX. Bertrand. — Bertrand était déjà Abbé de Jau le 4 mars 1359. On a vu qu'il eut quelques différends avec ses moines, et qu'il eut à se défendre contre leurs accusations. On le trouve encore à la tête de la communauté le 17 mars 1373.

X. Jean Ier. — Il faut placer après Bertrand, dans l'intervalle des années 1374 et 1383, un certain *frère Jean, abbé de Jau*, que nous connaissons seulement par la mention qu'en a faite l'abbé suivant, qui le désigne comme *son prédécesseur immédiat*[2].

---

[1] Une tour, située aux environs, à Rasiguères, dans le pays de Fonollet, porte encore aujourd'hui le nom de *Trémoyes*.

[2] A propos d'une dette, reconnue, dit-il : « Per Reverendum Dominum « fratrem Johannem *proximum predecessorem nostrum*.

XI. Raymond II. — Frère Raymond était abbé de Jau dès le 15 octobre 1383. Le 17 mars 1389, cet abbé, désirant permuter son abbaye avec Guillaume, abbé de Lieu-Dieu (Diocèse de Rhodez), constitua pour ses procureurs, frère Amélius Sartre, moine de Jau, et Bernard Rothbald, du Diocèse de Vabres, chargés par lui de résigner purement et simplement son Abbaye de Jau entre les mains du Pape, pour en recevoir la collation et l'investiture de l'Abbaye de Lieu-Dieu. Ce projet n'eut pas de suite, puisque l'on trouve encore, jusqu'au 7 avril 1394, en qualité d'abbé de Jau, un certain frère Raymond, le même sans doute que celui dont il vient d'être question.

XII. Raymond III. — Il eut pour successeur frère Raymond Prunet, Prieur de l'Hôpital d'Ille en 1395, moine de Jau en 1397, et connu seulement comme Abbé de ce monastère le 28 janvier 1398. C'est à lui que s'adresse la lettre suivante dont nous avons trouvé l'original déposé dans un registre d'actes de l'an 1399 :

« Au très-révérend Père en Jésus-Christ, dom Raymond, notre
« co-Abbé de Jau.

« L'abbé d'Ardorell. Très-cher Père, nous souffrons en même
« temps que vous de votre maladie, qui nous fait adresser à Dieu
« d'abondantes prières pour votre prompte convalescence, de telle
« sorte, que vous puissiez veiller sur le troupeau qui vous a été
« confié. Ne vous laissez point abattre, et supportez votre mal
« avec patience, car Dieu visite et châtie celui qu'il aime. Plût au
« ciel qu'il nous fût possible de vous visiter personnellement et de
« la bonne manière, pour vous soulager comme il faut avec le peu
« que nous avons, car nous le ferions de fort bon cœur, cela et
« mieux encore. Que le Très-Haut vous conserve et améliore votre
« santé ! Écrit dans le monastère d'Ardorell, le vingt juillet [1]. »

L'abbé de Jau mourut sans doute dans cette même année.

---

[1] « Reverendo in Xpo Patri, Domino Raymundo, co-abbati nostro de Jauo.
« Abbas de Ardorello. Carissime Pater, condolemus vobis de vestra infir-
« mitate de qua Deo fundimus preces, ut sito convaleatis taliter quod super
« gregem vobis comissum attendere valeatis ; nec ullo modo sitis turbatus,
« set ipsam pacienter sub portetis, nam Deus quem diligit visitat et castigat.
« Utinam bono modo possemus vos personaliter visitare, et de paupertate
« nostra vos in necessitatibus vestris sub venire, nam bono animo faceremus
« illa et meliora. Altissimus vos conservet cum aucmento salutis. Scriptum
« in monasterio de Ardorello, vicessima julii. »

XIII. Antoine Ier. — *Antoine,* que nous trouvons Abbé de Jau à la date du 20 janvier 1400, était peut-être un moine d'Ardorell du nom d'*Antoine Domenech,* que nous voyons à Jau dès l'an 1398. Antoine quitta bientôt son monastère et *la Maison de Mosset,* où il avait des ennemis mortels, à ce qu'il dit, pour se retirer à Ille, où il vivait encore, avec le titre d'abbé, le 19 juin 1405. Il fut obligé de résigner sa dignité d'abbé.

XIV. Jean II. — Frère Jean Balterna, moine de Jau dès l'an 1400, obtint le titre d'*abbé* du vivant de son prédécesseur. Mais *il n'y était pas entré par la porte,* et le titre d'abbé, qu'il prenait dès le 21 juillet 1408, n'était pas encore confirmé par bulle apostolique en 1411. Il n'en conserva pas moins jusqu'au 13 avril 1430 sa dignité abbatiale, qu'il résigna dans la suite pour prendre le titre d'*administrateur perpétuel de la grange d'Ille.* Il résigna ce nouvel office le 21 juin 1441, à *cause de son extrême vieillesse.*

XV. Antoine II. — Frère *Antoine Baro,* ancien grangier d'Ille, se montre le 21 juin 1441 avec le titre d'Abbé de Jau, qu'il portait encore le 4 mai 1442. Mais il était exclu de ce monastère dès le mois de juin suivant, bien qu'il ait pris long-temps encore le titre d'Abbé de Jau.

XVI. Philippe. — Le 18 juin 1443, frère Philippe Castell, *administrateur du Monastère de Sainte-Marie de Jau,* afferma, pour un an, ses revenus de Néfiach, au prix de vingt-neuf livres seize sous. Le fermier devait en outre, *selon l'usage,* payer vingt sous à l'Évêque d'Elne le jour de la Noël.

XVII. Pierre III. — Frère *Pierre Donadeu* était abbé de Jau dès le 10 octobre 1443. Il joignit à ce titre celui d'abbé de Vallboña (28 novembre 1448), qu'il conservait encore le 10 juin 1451.

XVIII. Marc. — Frère *Marc Coma,* prêtre et moine de Jau, était né à Ille, et avait reçu l'investiture de la grange de cette ville le 21 juin 1441. On le voit revêtu du titre d'Abbé de Jau depuis le 3 octobre 1452 jusqu'au 23 octobre 1468. On ne sait ce qui se passa à cette époque, ni quelle fut la conduite de l'Abbé de Jau lors de la révolte des comtés de Roussillon et de Cerdagne contre la domination française. Il y a lieu de croire qu'il prit parti pour le Roi d'Aragon, puisque le Roi de France fit mettre ses revenus sous le sequestre par arrêt de la Cour souveraine du Parlement de Perpignan (janvier 1471). Le sequestre, il est vrai, ne tarda pas à être levé; car nous retrouvons, dès le 8 mars 1471, Marc **Coma** revêtu de son titre et de ses pouvoirs d'Abbé de Jau, qu'il conserva jusqu'au 5 août 1478. Mais, dans cet intervalle, on voit figurer, à côté de lui, un certain frère *Jean de Planolles,* qui prend aussi le titre d'Abbé de Jau dans divers actes des années 1472 (27 et 30 janvier) et 1476 (5 juillet et 12 novembre), et rien ne peut nous éclairer sur cette co-existence de deux Abbés titulaires d'une même Abbaye.

XIX. JEAN III. — Frère *Jean Planolles* est sans doute le même que celui dont il vient d'être question. Il se montre revêtu seul du titre d'Abbé de Jau, depuis le 11 août 1478 jusqu'au 11 août 1481.

XX. ANTOINE III. — Frère Antoine Vaquer, abbé de Jau, n'est connu que par un acte du 19 mars 1483.

XXI. JEAN. IV. — Frère Jean Boher, abbé de Jau le 31 mars 1486, conservait encore ce titre le 27 février 1512.

XXII. PIERRE IV. — Frère Pierre Rullan, religieux d'Ardorell, fut le dernier Abbé de Jau qui ait appartenu à l'ordre de Cîteaux. Sa résignation était attendue, à la date du 30 octobre 1519, par Alexandre de Rochaberti, chanoine régulier de la Roure, au Diocèse de Gérone.

XXIII. ALEXANDRE. — Ici commence la *commende* de l'Abbaye de Jau; mais les circonstances qui la firent établir nous sont inconnues; nous ignorerions même si Alexandre de Rochaberti porta jamais le titre d'Abbé de Jau, qui lui était réservé, si un acte de son successeur ne nous parlait de deux terres par lui concédées, en qualité d'abbé, à dona Francisca de Rochaberti, qui possédait alors une portion de la seigneurie de Vinça. Alexandre de Rochaberti fut donc Abbé de Jau dans l'intervalle compris entre les années 1519 et 1529.

XXIV. BAUDILE. — Baudile Avinyo, prêtre et sacristain majeur de l'église de Gérone, Prieur commendataire de Saint-Pierre de Castellnou en 1526, succéda à Alexandre de Rochaberti dans le titre d'Abbé de Jau, où on le voit depuis le 11 octobre 1529 jusqu'au 16 avril 1535.

XXV. SÉBASTIEN. — Sébastien Bret, chanoine de la cathédrale de Gérone, partit pour Rome en 1549, après avoir confié la commende de son Abbaye de Jau à don Johan Garau de Cruylles y de Sᵃ Pau, seigneur de Mosset (6 février). On le trouve encore avec le titre d'*abbé et perpétuel administrateur de l'abbaye de Jau*, à la date du 6 mars 1579.

XXVI. ALPHONSE. — Don Alonso d'Oms y de Cruylles, abbé de Jau dès le 22 août 1584, devint, en 1589, abbé de Vallbona et prieur de Saint-Estève, et vivait encore le 19 janvier 1596.

XXVII. JEAN V. — Jean Graell, chanoine d'Urgel, abbé de Jau (3 avril 1610).

XXVIII. JEAN VI. — Jean Maso, docteur en théologie, prieur majeur et chanoine de la cathédrale de Barcelone, abbé de Jau le 9 mars 1630, vivait, dès cette époque, dans la ville de Rome, où on le retrouve encore avec les mêmes titres le 18 novembre 1642.

XXIX. JOSEPH Iᵉʳ. — Joseph Ninot, chanoine de Barcelone, était Abbé de Jau le 27 mai 1649.

Les revenus de Jau furent mis sous le sequestre peu de temps après, et confiés, le 6 mai 1658, à Pierre Ricart d'Ille ; et plus tard, le 10 mai 1681, à frère Jean Cussana, Prieur commendataire de Saint-Antoine-de-Vienne de la ville de Perpignan.

XXX. JOSEPH II. — L'Abbaye de Jau fut confiée par le Roi, le 11 avril 1705, à l'abbé Joseph Xaupy, né à Perpignan le 6 mars 1688. Il prit possession de son abbaye le 22 juillet 1706 ; ajouta à ses titres ceux de chanoine, docteur en Sorbonne, archidiacre de Vallespir, économe des séquestres dans la province de Roussillon, et mourut à Paris le 7 décembre 1778, après avoir écrit divers ouvrages, entre autres trois volumes de *Recherches historiques sur la noblesse des citoyens honorés de Perpignan et de Barcelone*, dans la discussion où brillèrent aussi, d'un éclat bien plus remarquable, le talent et la profonde érudition de M. Fossa [1].

XXXI. ARNAUD-FERDINAND. — Le dernier abbé de Jau fut Arnaud-Ferdinand de Laporte, qui fut désigné et confirmé Évêque de Carcassonne en 1802, immédiatement après le Concordat.

---

[1] *Annuaire des Pyrénées-Orientales*, pour l'année 1854, pag. 124. — Nous avons jugé inutile d'indiquer des documents particuliers pour les dates et les faits consignés dans cette notice. Tous nos renseignements proviennent des 288 pièces inédites du Cartulaire de Jau, dont nous avons déjà indiqué la composition et l'origine, et nous nous bornons à citer les ouvrages déjà publiés pour le petit nombre de faits qu'ils nous ont fournis.

En consacrant ces études aux anciens établissements religieux de notre province, nous n'avons pas pour but, comme pourraient le tenter des plumes plus exercées, de faire revivre le passé par des peintures animées, ni d'en ressusciter l'existence et les monuments par une espèce de restauration littéraire réservée à des maîtres plus autorisés. Notre but est beaucoup plus modeste. Nous ne voulons que ravir à une complète destruction quelques fragments du passé, que nous faisons entrer dans ces notices comme dans un dépôt public. Nous sauverons tout ce que nous pourrons; car le moindre détail, l'indication la plus vulgaire, ont leur valeur aux yeux de l'histoire, et nous dirons sur l'Abbaye de Jau tout ce qui pourra nous éclairer sur son importance, son personnel, ses revenus et sa vie intérieure.

PERSONNEL DU MONASTÈRE.

Outre les *grangiers d'Ille et de Saint-Martin-de-la-Riba*, le Monastère de Jau comprenait, après l'Abbé, le *Prieur,* dont trois nous sont connus (Bernard Carréra, en 1313; Bernard de Ternères, en 1347, et Bernard de Fontjocosa, en 1372 et 1373); le *Cellerier* (François March, en 1313); le *Sacristain* (frère Julien, en 1313), et un certain nombre de moines[1]. Venaient

---

[1] Outre les moines de Jau déjà nommés dans le cours de cette Notice, les documents font encore connaître les noms suivants : Guillaume Bestor, 1298; — Guillaume de Saint-Paul, 1298; — Bernard de Gincla, 1298; — Pierre-Guillem, 1298; — Julien, 1298; — Bernard de Terrères, 1298-1329; — Jacques d'Odélo, 1300; — Arnald, 1300; — Pierre Frauch, 1307; — Guillaume de Caldes, 1330-1347; — Jean de Campanyan, 1330; — Jean Fabre, 1346-1368; — Pierre d'Autzina, 1346; — Julien Recort, 1350; — Jean Bénéset, 1354; — Guillaume Élie, 1364-1385; — Pierre Conill,

ensuite les *Donats* ou *Confrères laïques*, qui se livraient corps et biens au monastère, où ils remplissaient quelquefois des fonctions importantes. On n'en trouve plus à Jau à partir de l'an 1388 [1]. Quant au personnel monastique, on n'en trouve plus de traces dans cette abbaye à partir de l'an 1439, et ce fut seulement plus de cent ans après que deux moines cisterciens vinrent chercher un asile dans ce désert ; mais c'est là un fait purement accidentel, et le silence des documents prouve assez que la vie commune était éteinte dans ce monastère depuis l'occupation française de Louis XI.

Un testament du 5 mars 1389 contient un legs de messes à célébrer par *les prêtres de l'église de Sainte-Marie de Jau*. Mais il est douteux que ces expressions se rapportent à des *prêtres* possesseurs de *bénéfices*, comme on en trouve dans la plupart des monastères. Il n'existe aucune trace de fondations de ce genre dans l'abbaye de Jau, et la mention de *prêtres de Jau* qui est faite encore dans deux testaments de l'an 1546, doit s'entendre de deux prêtres séculiers qui avaient affermé, à cette époque, les revenus de l'abbaye, avec obligation de célébrer les divins offices dans l'église du monastère, tout en faisant leur résidence à Mosset. .

1564-1567 ; — Bernard Gilabert, 1575 ; — Guillaume Blanquer, 1575 ; — Paul de Durfort, 1575 ; — Vesia-Vesia, 1585 ; — Arnald de Laye, 1586 ; — Pierre Martzsa, 1590-1400 ; — Pierre Torner, 1595-1422 ; — Pierre Pezilla, 1597 ; — Arnald Hauger ou Otger, 1598-1400 ; — Jacques Garaud, 1404 ; — Barthélemy Aymérich, 1456-1459 ; — Jacques Bota, 1572 ; — Jean Matali, docteur en théologie, 1575-1576.

[1] On trouve parmi les *donats* de Jau, Guillaume de Montélia, 1517-1519 ; — Jean Squiroll, 1550 ; — Raymond Soléra, 1566 ; — Arnald Castell, 1577-1578 ; — Guillaume Fabre, 1587-1588.

L'Abbaye de Jau était sous la dépendance du Monastère d'Ardorell, dont l'abbé prenait le titre de
Père-Abbé de Jau, et exerçait sur cette abbaye les
droits de visite, avec pouvoir d'excommunication.
L'Abbé de Jau pouvait appeler de ces décisions au
Souverain Pontife, et l'on voit, par un acte de l'an
1389, que la collation de cette abbaye appartenait
au Pape, qui en confirmait l'abbé par bulle apostolique. Sauf les *grangers*, qui stipulent toujours en
leur propre nom, on voit que l'administration tem-
porelle de l'abbaye appartenait aux abbés seuls, et,
à la date du 4 mars 1367, frère Pierre Conill, moine
de Jau, ne put vendre une pièce de terre qui lui
appartenait en propre qu'avec la permission de l'abbé
Bertrand, *son prélat*. Cependant, les mesures qui con-
cernaient la communauté étaient délibérées et déci-
dées en chapitre.

L'ordre de Cîteaux est le premier de tous les corps
religieux qui ait introduit dans son régime la convo-
cation des chapitres généraux. On a vu que l'Abbé de
Jau se fit représenter, en 1413, au chapitre cistercien
de Tortose, où il était appelé par le Saint-Siége ; et,
le 22 mai de l'an 1500, l'abbé Jean Boher afferma
certains revenus pour le prix de huit livres, « les-
« quelles ont servi, dit-il, pour le *tall* que le Monas-
« tère de Jau est tenu de payer au chapitre général
« qui a été célébré au Monastère de Cîteaux, dans le
« duché de Bourgogne. » Nous n'avons pas d'autres
détails sur la vie intérieure du Monastère de Jau,
qui, selon toute apparence, n'était guère riche en
mobilier et en objets d'art [1].

[1] La *Maison* de Mosset, qui avait dû recueillir, au xvie siècle, tout ce qu'il
y avait de précieux au Monastère de Jau, ne renfermait, non plus, rien de

REVENUS DE JAU.

L'Abbaye de Jau possédait à *Canet*, en 1408, des revenus dont nous ne connaissons pas l'importance. Ses possessions à *Glorianes* consistaient en une *borde* ou *masada*, tenue en directe seigneurie pour l'Abbé de Jau (1364, 1531). Ses revenus de *Codalet* (1588), d'*Arria* (1338, 1588), de *Molitg* (1271) et de *Campoma*, se réduisaient aussi aux censives et autres droits seigneuriaux de quelques fonds de terre, comme ceux qu'il percevait au territoire *del Bosquet*, dans le pays de Roquefort. Ses domaines les plus importants étaient ceux de *Cavanach*, de *Saint-Martin-de-la-Riba*, d'*Ille* et de *Mosset*.

GRANGE DE CAVANACH. — Nous avons déjà vu que les possessions de l'Abbaye de Jau dans la *plaine de Cavanach*, sur les bords de l'Agly, furent considéra-

bien remarquable, si l'on en juge par l'inventaire suivant, dressé en 1576, et dont nous supprimons seulement quelques meubles de cuisine et de literie :
« Die VI mensis martii MDLXXVI in oppido Mosseti, Reverendus frater Petrus
« Oriola, Minister monasterii Bᵉ Marie de Corbiacho, universalis conductor
« sive arrendator fructuum et emolumentorum Abbacie monasterii Beate
« Marie de Jauo... requirente procuratore Rev. Domini Sebastiani Bret,
« Abbatis dicti Monasterii de Jauo, fieri fecit inventarium bonorum que
« inventa fuerunt in *Domo Abbacie* predicte in qua habitare solet Rev. frater
« Joannes Matali, monachus Ordinis Cisterciensis. In qua quidem domo
« fuerunt inventa et reperta bona que sequuntur :
« En la cambra de la Abadia, *primo*, una caxa gran, tancada ab clau, la
« qual no ses uberta. *Item*, un abit blanch, — uns calsons blanchs, —
« un sombrero. — una casaqua blancha, — molts drapets, ab un capuxo
« negre, — un llibre *del Capitol Provincial de Tarragona*, ab unes *Epistoles*
« *de Sᵗ Pau*, — una stola, — un *Missal*, — altra capuxo. En la sala alt de
« dita Abadia : *primo*, una caxa, en la qual ha un *Missal* dolent, y corporals
« y ornamens per dir missa, y ornamens de altar, ço es toualles y palits.
« *Item*, una camisola blancha. *Item*, un *Breviari* de pregami. — Testes Rev.
« Fr. Martinus Bertran, monachus Monasterii de Corbiacho, etc. ●

blement augmentées et améliorées en 1338. Par acte
du 19 août 1390, l'abbé Raymond afferma, pour six
ans, à Pierre Pastor d'Estagell, *une grange du Monastère de Jau,* appelée *lo Mas de Cavanach,* qui se trou-
vait alors sans cultivateur, et nous publions aux pièces
justificatives ce document, qui offre quelques renseignements utiles pour l'histoire de l'agriculture
dans notre pays. Mais les revenus de ce domaine ne
tardèrent pas à être affermés, puisque, par acte du
25 mai 1417, François de Verniola, seigneur de Calce,
reconnut devoir à frère Jean, abbé de Jau, 34 livres
sur le prix d'afferme du *Manse* de Cavanach [1].

LA GRANGE DE SAINT-MARTIN-DE-LA-RIBA, ancienne
dépendance de Saint-André de Surède [2], à ce qu'il
semble, était située sur la rive gauche de la Tet, sur
un côteau qui domine le cours de la rivière, entre
Néfiach et Millas. Une charte du 3 des nones de
mars 1266 mentionne la *chapelle de Saint-Martin* [3], et

[1] Il existe, d'ailleurs, sur ce domaine de Cavanach, des questions de fief
et d'arrière-fief, que la rareté des documents nous empêche d'éclaircir complètement. Ainsi, nous trouvons déjà, en 1385, une certaine Dona Clara,
qui se dit veuve du Seigneur de Vilarfonch et fille du *Seigneur de Cavanach.*
Le *Manse de Cavanach* fut ensuite concédé, *en fief honoré,* à Georges Garau,
par le Vicomte d'Ille et de Canet. Enfin, le 20 octobre 1460, Galcerand-
Galcerand de Pinos, vicomte d'Ille et de Canet, donna tous les droits qu'il
possédait sur ce fief à Guillaume del Viver, seigneur de Calce. Georges
Garau devait, à l'avenir, reconnaître ce dernier pour son Seigneur direct,
en lui prêtant foi et hommage, avec un cens de deux *dorchs* d'huile, en raison
du *Manse* dit *de Cavanach* et de ses terres, situé au territoire de Calce, et
confrontant avec le cours de l'Agly et les territoires de Tautahull, d'Espira
et d'Estagell. (Bernard Fuster, notaire.)

[2] Ce monastère possédait, en 1121 : « Ecclesiam *S. Martini de Ripa,* nec-
non et illam *S. Clementis de Reglela,* cum omnibus terminis et decimis, etc. »
(*Marca,* nos 569 et 464.)

[3] *Archives de l'Hôpital d'Ille,* parch. D, no 55.

c'était, au xive siècle, une *grange* dépendante de l'Abbaye de Jau, dont les revenus consistaient en biens fonds situés au territoire de Millas, et surtout dans celui de Néfiach. Nous n'en connaissons que deux *grangiers*, Guillaume de Montélia, donat de Jau en 1317 et 1319, et Guillaume de Conq, en 1320. Il paraît que les bâtiments de cette *grange* changèrent de maître et de destination pendant l'occupation française de Louis XI et de Charles VIII, puisque, le 30 avril 1487, le procureur de Guillaume de Caramany, vicomte de Pérellos et de Roda, et seigneur de Millas, personnellement constitué *devant la porte de l'église du château* appelé *lo castell de Sent-Marti-de-la-Riba*, créa bailli dudit château et de son territoire le nommé Mathieu Safont, de Millas, *sauf le droit que le Roi de France peut y avoir*.

La Grange d'Ille, située dans l'intérieur de la ville, à l'ouest du cimetière de *la Rodona*, remontait sans doute au commencement du xiiie siècle, et ses fondateurs avaient voulu que le religieux possesseur de ce bénéfice célébrât le service divin pour le repos de leurs âmes, dans une petite chapelle jointe au manse de cette grange [1]. On y ajouta des donations ou acquisitions nouvelles, et la *grange d'Ille* devint un des offices claustraux les plus importants du Monastère de Jau.

---

[1] On lit dans une pièce de l'an 1411 : « Ille qui contulit et statuit Mo-« nasterio de Jau illud ospicium sive Ecclesiam alias vulgariter appellatum « *la Casa de Jau*, situm in loco de Insula, intra muros dicte ville, hoc fecit « pacto adjecto videlicet quod ibidem continue unus monachus moram « traere abeat et cellebrare sertis diebus missas et alia bona pia, oficia « cantare seu fasere in remuneracionem pecatorum suorum et pro salute « anime sue et suorum. »

Les titulaires connus de la *grange* d'Ille sont :
Guillaume Sifin, en 1236; André de Conch, de 1350
à 1366; Jean Fabre, en 1373; Jacques Garau, dépossédé en 1411; Pierre Torner, *grangier* en 1419; Antoine Baro, en 1430, la quitta pour parvenir à l'abbatiat, et y fut remplacé par Jean Balterna, ancien abbé
de Jau, qui se démit aussi de cet office en faveur de
frère Marc Coma, investi de la *grange* d'Ille le 21
juin 1441. Le Monastère de Jau conserva ses possessions d'Ille jusqu'aux derniers jours de son existence.

Dans le territoire de Mosset, le monastère possédait les pacages de la montagne dite *la Coma de Jau*,
avec des forêts et une *scierie* de bois dans le voisinage
de l'abbaye. Il faut y ajouter un *terço* de dîmes, des
masades, des fonds de terre situés aux lieux dits *lo
Pla-de-Pons*, *Falguères* et *Mosset-le-Vell*, et surtout
dans le voisinage de l'église de *Saint-Julien-le-Vieux*,
dont on voit encore les ruines sur la rive droite de
la rivière de Castallar, en face de Corbiach [1]. Cette

---

[1] Nous n'avons que des données fort incomplètes, pour calculer la somme
totale des revenus de Jau. Voici, cependant, quelques chiffres qui, à défaut
d'autre chose, prouveront, au moins, les variations que ces mêmes revenus
éprouvèrent dans le cours des quatre derniers siècles. Le 21 mars 1364,
tous les revenus que le Monastère de Jau recevait à Néfiach, à Millas, et à
Glorianes, furent affermés au prix de 14 livres barcelonaises de tern. —
Le 20 janvier 1404, les revenus de Néfiach furent affermés au prix annuel
de 9 livres barcelonaises de tern. — Le 51 mars 1486, les revenus d'Ille,
sauf quelques réserves d'olives et d'autres fruits, furent affermés au prix
annuel de 7 livres 15 sous. Les mêmes revenus d'Ille furent affermés pour
8 livres, le 22 mai 1500. — Le *Monastère et l'Abbaye de Jau* furent affermés,
pour un an, le 6 février 1549, à Jean Brunet, prêtre de Mosset, avec charge
de desservir ou faire desservir le monastère en messes et autres offices, au
prix de 55 livres de monnaie courante. — Le 19 septembre 1549, *la Coma
de Jau*, avec ses herbes, pacages et devèses, fut affermée, au prix annuel de
26 livres, monnaie courante. — Le 16 mars 1572, trois Ecclésiastiques pri-

église était peut-être anciennement une obédience cistercienne, et le nom de *Celler* ou forteresse *de Jau,* que ce quartier portait au xvie siècle, s'applique peut-être à une construction dont les épaisses murailles flanquent encore tout le côté occidental de *Saint-Julien-le-Vieux.*

Les ruines de l'Abbaye de Jau se voient encore sur la montagne de Clariana, au bord de la route qui longe la rivière de Castallar, entre les ravins de *les Baltes* et *del Sola blanc,* à un kilomètre environ au-dessous du col de Jau. Nous n'avons aucune description de l'ancien monastère, et l'on peut à peine en reconnaître les parties principales au milieu des décombres et des débris informes qui en occupent aujourd'hui la place. Quant aux documents écrits, on n'en peut tirer que bien peu de lumières à cet égard, et l'histoire de cette construction sera bientôt faite quand on aura mentionné le *parloir* (locutorium), où se réunissaient les religieux, en ajoutant que des réparations furent faites au monastère en 1405, en 1489 et 1549. Une cloche fut fondue pour le Monastère de Jau en 1489, et l'église existait encore au dernier siècle. Quant aux bâtiments de l'abbaye, nous trouvons encore, à la date du 2 février 1595, un acte fait par le baron de Mosset, *dans le Monastère de Sainte-Marie de Jau.* C'est la dernière mention que nous en puissions trouver, et les auteurs du *Gallia christiana* nous apprennent que, dans les premières années du

rent à ferme l'Abbaye de Jau et tous ses revenus de Mosset et *del Busquet,* avec la *Coma de Jau,* usage de la *Molina Serradora,* et faculté d'y prendre le bois nécessaire au monastère, le tout au prix annuel de 96 livres de monnaie courante. En 1635, la dîme de Mosset rapportait 50 charges de seigle à l'Abbé de Jau

xviiie siècle, on n'y voyait plus *ni religieux ni bâti-*
ments [1]. Dans les décombres qui en subsistent, on
reconnaît que l'ensemble du monastère formait un
grand carré dont tout le côté nord était occupé par
l'église, sur une longueur d'environ vingt mètres.
C'est la partie la moins ruinée. Le corps de l'abbaye
s'étendait sur la face sud de l'église; mais il n'en
reste plus, vers l'angle nord ouest, qu'une espèce de
voûte qui supportait sans doute un escalier, et tout
le reste n'offre plus que des monceaux de pierres,
parmi lesquelles on chercherait vainement la place
du cloître ou de toute autre partie du monastère.
L'église s'ouvre du côté de l'ouest, par une petite
porte à plein cintre, encore conservée, mais sans
bas-reliefs, et, du côté du nord, par une grande porte
que l'on considère, à tort, comme la grande entrée
de l'abbaye. Il est impossible qu'il ait fallu traverser
l'église de Jau pour pénétrer dans le monastère, dont
la grande entrée existait sans doute du côté de l'est,
sur la route qui contournait les côtés est et nord de
l'édifice. Une disposition analogue se remarque dans
l'église du Monastère de Serrabona, dont la grande
porte s'ouvre aussi au nord pour communiquer avec
le cimetière. Il est vrai que des ossements découverts
autour de Jau feraient placer son cimetière vers le
côté méridional de l'abbaye.

La voûte de l'église s'est écroulée depuis long-temps
et a rempli toute la nef de ses débris. Des fouilles,
pratiquées dans ces décombres, feraient peut-être dé-
couvrir quelques inscriptions ou quelque autre objet
précieux pour l'archéologie; mais, dans l'état actuel,

---

[1] « Sita est supra montem de Moncet *(sic)*, juxta Corbariæ vallem, sed
« modo tum monachis tum ædificiis destituta est. » *(Gallia christ., t. vi.)*

toutes ces ruines n'ont de remarquable que l'épaisseur des murs d'enceinte qui, du côté de l'église, ont une largeur de deux mètres et demi, et sont construits avec d'énormes pierres de taille. Tout est désert et silencieux dans cet asile de la prière, que ces solides remparts n'ont pu sauver; mais ces ruines émeuvent encore la pensée. Les forêts séculaires qui les entouraient, et dont la religieuse solitude avait attiré les disciples de Cîteaux, ont succombé sous la hache moderne; ces pierres aussi serviront sans doute à paver un jour la route du col de Jau, et tout ce qui restera de l'abbaye se réduira peut-être à ces souvenirs qui, hélas! ne sont aussi que des fragments recueillis dans les débris de nos archives.

19 juillet 1857.

PIÈCES JUSTIFICATIVES.

I.

BAIL A FERME DE LA GRANGE DE CAVANACH.

1390.

Noverint universi quod nos Raymundus, Dei gracia Abbas monasterii Beate Marie de Jauo, scientes et attendentes quandam grangiam dicti monasterii, vocatam *lo Mas de Cavanach*, fore sine aliquo agricola qui dictam grangiam seu mansum cultivet et teneat condirectam, ex quo dicto nostro monasterio sequitur dampnum et dicte grangie deterioramentum : Igitur, prospicientes utilitatem nostram et dicti nostri monasterii, gratis, etc., nomine dicte nostre abbacie et nomine eciam tocius conventus dicti nostri monasterii, locamus, arrendamus, concedimus ac tradimus, sive quasi tradimus, tibi Petro Pastoris habitatori de Stagello presenti et tuis, videlicet, de proxime venturo festo Omnium Sanctorum ad sex annos sequentes et completos, totam dictam grangiam seu mansum cum omnibus ejus terris et possessionibus, ubique sint, longe vel prope, et eidem grangie annexis, totum integriter, etc. Hec autem facimus et facere intendimus sub hiis pactis, videlicet : quod tu et tui, per tempus dictorum VI annorum, teneamini facere in dicta grangia residenciam personalem cum tota familia tua, et facere fochum et locum, prout in mansis est consuetum. Et teneamini eciam medietatem dicte grangie et eius terrarum et possessionum quolibet anno cultivare et expletare. *Item*, teneamini quandam vineam dicti mansi bene et sufficienter, quolibet anno per dictum tempus, scaucelare, *podare* et cavare. *Item*, teneamini *sporguar los aulius* possessionum dicti mansi. *Item*, teneamini nobis et dicto nostro monasterio dare legualiter, de omnibus racemis in dicta vinea excrescentibus, et de omnibus bladis, cujuscunque generis sint, et de olivis, et de omnibus ffructibus in possessionibus dicti mansi excrescentibus, terciam partem, quam recipere habeamus in domo dicti mansi. *Item*, teneamini eciam nobis et dicto nostro monasterio dimitere terras et possessiones dicti mansi, in ffine dicti arrendamenti, correatas et cultivatas, in tali modo et statu prout nunc existunt et apparent; Concedentes tibi quod tu sis quitius de decima lane, agnorum et edulorum, per totum dictum tempus. Nos vero tibi promitimus de presenti tradere duos boves, estimatos, ad valorem seu extimam ·II· proborum hominum per nos et te eligendorum, qui tibi serviant ad cultivandum terras et possessiones predictas, quandiu durabit tempus dicti arrendamenti : Et in fine ipsius temporis tenearis nobis restituere dictum valorem seu extimam dictorum ·II· bovum : Tamen, si forte interim, durante dicto tempore dicti arrendamenti, dicti boves vel unus eorum moriebantur propter egritudinem vel alium casum fortuitum, eo casu non tenearis nobis restituere dictum valorem seu extimam, nisi tamen illud fieret propter culpam tuam ; sed tamen tu, de tuo proprio, dicto casu, habeas ibi alios duos boves, seu unum, si unus solus moriebatur, cum quibus cultives terras et possessiones predictas : taliter quod propter deffectum bovum non remaneant cultivaciones predicte. *Item*, volumus et promitimus tibi contribuere in expensis, videlicet, *en lo seguar e batre*, de dictis expletis, in tercia parte, demptis missionibus de olivis, quia non est intencio nostra in illis contribuere. *Item*, damus et concedimus tibi, quolibet anno dicti arrendamenti, duo jornalia terre ad faciendum *lobis* sive ferraginem, de quibus lobis sive ferragine, nisi triturares illa seu illam, nullum jus habere volumus. Et in rostollis possis facere *nentilles e guixes, per pasturar e per metre al paller*. Et possis eciam facere devesias ad tuum comodum, excepto quod si bestiare dicti monasterii ibi erat, possit in ipsis devesiis pascere simul cum tuo bestiari, in illo loco videlicet ubi tuum bestiare pascet vel pasturabit. Et sub premissis pactis, promittimus tibi et tuis quod nos et conventus dicti monasterii faciemus tibi et tuis dictum arrendamentum bonum habere, etc. Que fuerunt acta Insule et laudata, die. xvIIII. augusti anno a nativitate Domini. M·CCC·LxxXx. presentibus testibus Bernardo Avalrini de Insula, P⁰ Maruys dioces. Albiens. et me Bernardo Borgua, notario, etc.

(*Notula Bernardi Borgua not.*, ann. 1389, f⁰ xIII.)

II.

INVESTITURE DE LA GRANGE D'ILLE.

1441.

In Xpi nomine. Noverint universi quod, existens ffrater Johannes Balterna, monachus monasterii Beate Marie de Jauo dioces. Elnens. et administrator rectorque perpetuus Grangie site in terminis de Insula dicti monasterii, et personaliter constitutus ante presenciam Reverendi Patris Domini Anthonii Baronis, Abbatis dicti monasterii, et Reverendi in Xpo patris et domini, domini Abbatis de Ardorello patris-abbatis monasterii predicti, intus villam de Insula, verbo dixit et exposuit : Quod, cum ipse, propter suam senectutem non possit sollicite intendere ad regimen et administracionem dicte Grangie, imo sit penitus indispositus ad illam gubernandum, dictam Grangiam administracionem et regimen illius in manibus dicti Dom. Abbatis sponte renunciare vult et intendit; suplicans quatenus dictam renunciacionem admitere dignaretur. Quam quidem resignacionem idem Rev. Abbas de Jauo, de consensu et auctoritate dicti Patris-Abbatis, admisit. Et ibidem fuit suplicatum prefato Rev. Abbati dicti monasterii, pro parte ffratris Marchi Coma monachi monasterii preffati, quatenus, atento quod administracio dicte Grangie nunc de jure et de facto vacabat per dictam resignacionem dicti ffratris Johannis ultimi illius pocessoris; et provisio institucio et totalis ordinacio dicte Grangie pertinet et spectat ad dictum Rev. Abbatem, dictam administracionem et gubernacionem dicte Grangie sibi comitere et concedere, ac de eadem eundem investire dignaretur ordinaria auctoritate. Unde dictus Rev. Do. Abbas dicti monasterii de Jauo, precibus dicti suplicantis inclinatus, in presencia dicti Rev. Dom. Patris-Abbatis et testium subscriptorum, administracionem et gubernacionem dicte Grangie dicto ffratri Marcho, intuitu meritorum suorum, de quibus dicebat se plene infformatum, comisit et concessit tenendam et gubernandam de tota vita sua; de illaque eundem ffratrem Marchum investivit et providit dicta ordinaria auctoritate, cum plenitudine sui juris, cum aprobacione et auctoritate dicti Rev. Patris-Abbatis ad hec omnia presentis; Volens et mandans cum presenti, vicem epistole gerente, quibuscunque censualistis, colonis et aliis personis que faciunt seu prestant census, jura, redditus et emolumenta Rectori dicte Grangie, quatenus dicto ffratri et administratori et rectori illius plene et integriter respondeant et solvant, prout et quemadmodum tenentur et soliti sunt prestare; Inducens eundem ffratrem Marchum incontinenti in realem et corporalem possessionem administracionis dicte Grangie, per actum corporalem illius, prout in talibus et similibus fieri solet et debet. Et dictus Rev. Pater et dominus, Dominus Abbas de Ardorello, Pater-Abbas in mediatus dicti monasterii de Jauo, in predictis omnibus presens, omnia predicta laudavit, approbavit auctoritate superiori, et pariter confirmavit, auctoritatem suam interponens pariter et decretum. Que fuerunt acta in cimiterio Beate Marie de Insula, et laudata et firmata die. XXI.ᵃ mensis junii, anno a nativ. Domini M.º CCCC.º XXXX.º Primo, presentibus testibus discreto Domino Petro Maria, presbitero et Ebdomedario S. Stephani de Insula, Raymundo de Plano, clerico dicti loci de Iusula, et me Jacobo Plani notario publico dicti loci qui hec recepi.

(Nota de diversis contractibus Jac. Plani annor. 1440 et seq. fº 34.)

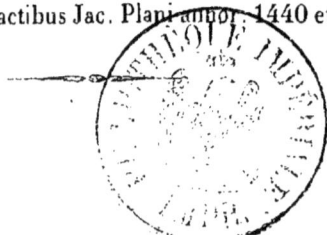

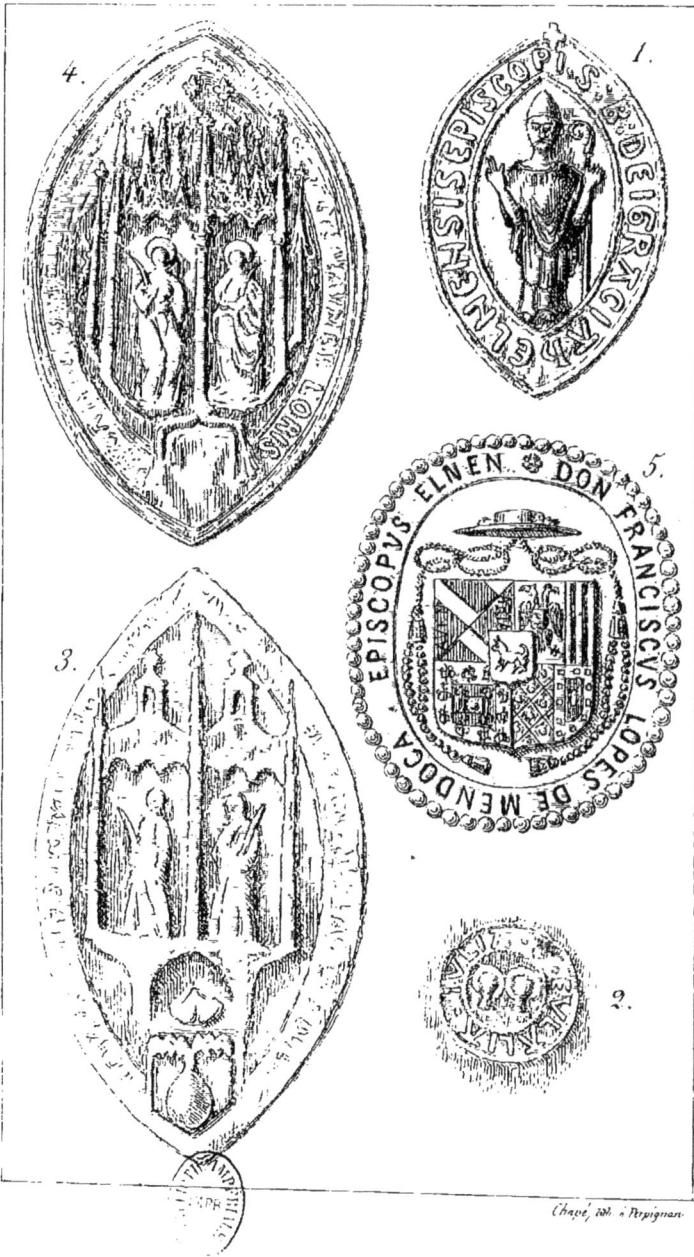